JE N'AI FAIT QUE MON DEVOIR

ROGER BELBÉOCH

JE N'AI FAIT QUE MON DEVOIR

1940-1944 : un Juste dans les rangs de la police

Écrit avec la collaboration de
Vincent Brocvielle

Postface de Jean-Marc Berlière

ROBERT LAFFONT

Ouvrage édité par Dominique Missika

ISBN 978-2-221-10844-4

Avant-propos

Une vieille dame est couchée par terre dans le commissariat, agrippée au pied d'un banc. Elle se débat pour qu'on ne la sépare pas de sa petite-fille, elle s'accroche au guichet, au bureau, aux chaises ; les policiers la tirent par la jupe, par le bras. Elle s'agrippe à tout ce qu'elle trouve.

Mme Deloche doit servir d'appât : son fils s'est évadé d'un camp de prisonniers politiques, il est recherché par les policiers français et la Gestapo. Dès qu'il saura que sa famille a été capturée, il se rendra. On procède ainsi pour faire sortir les fuyards de leur planque. Des affiches sont placardées un peu partout.

Robert Deloche s'est évadé après son transfert du camp de Châteaubriant au camp de Voves – il a dérobé une pèlerine noire et a réussi à s'enfuir.

Sa mère hurle dans le commissariat ; elle a soixante-trois ans, elle est robuste et déterminée. Les policiers ne sont pas bien fiers, ils lui disent : « Mais, madame, votre fils aurait dû écrire au maréchal au lieu de s'enfuir. Il l'aurait fait libérer. » Nous sommes en 1942, Robert Deloche a déjà vu nombre de ses compagnons résistants désignés comme otages et exécutés. Il a vu Guy Môquet, dix-sept ans, et vingt-six autres camarades (ceux que l'on appelle les « martyrs de Châteaubriant ») quitter le bloc pénitentiaire pour partir au peloton d'exécution.

Dès qu'il a pu, il a fui, sans prévenir le maréchal, déguisé en gendarme.

Sa mère et sa fille sont prises en otages. Mais elles refusent d'aider les policiers. Elles refusent d'être séparées, de coopérer, de bouger, elles s'accrochent aux meubles pour rester dans la salle du commissariat. Les policiers ne savent plus quoi faire... Évidemment qu'elles sont innocentes ! La situation est intenable. Cette fois-là, après avoir beaucoup hésité, ils décident de les relâcher.

Pourquoi je vous raconte cette histoire ? Simplement parce que trois semaines plus tard, dans l'arrière-salle d'un café, Robert Deloche, entouré d'autres camarades, insistait pour que j'entre dans la police. Officiellement. Ils avaient bien réfléchi, ils voulaient m'envoyer travailler dans un commissariat afin d'infiltrer la police et de récupérer des renseignements.

Robert Deloche tout comme mon père étaient des résistants de la première heure ; ils étaient communistes. La démarche n'a pas été simple ; il a fallu me convaincre que je serais plus utile au bureau qu'au combat, et puis convaincre mon père. Mais, sur le fond, nous étions d'accord, nous devions agir vite contre les policiers français qui arrêtaient des innocents et les livraient aux Allemands. Le meilleur moyen était de noyauter l'administration.

Avant de vous raconter cette histoire et de vous expliquer un peu plus en détail dans quelles conditions je suis devenu inspecteur de police, je tiens tout de même à préciser une petite chose, et c'est la raison de cet avant-propos : je ne suis pas un héros.

Je ne tiens à pas écrire *ma* version de la Résistance ni à dresser la liste des actions *héroïques* que j'ai pu mener pendant la guerre, cela n'aurait pas de sens pour une bonne et simple raison : je ne me considère pas comme un héros.

J'ai mené des actions qui ont permis à des familles juives d'échapper à la déportation – pour cela, j'ai été nommé Juste parmi les nations. Je suis particulièrement fier de ce titre. Il récompense une forme de combat et de résistance ; les Justes, ce terme désigne des personnes qui ont aidé matériellement et moralement les Juifs persécutés sous l'occupation allemande. Les Justes sont ceux qui ont protesté, chacun à leur manière et à leur niveau, contre les persécutions, qui ont risqué leur vie au nom de simples principes humains.

Quand je vais dans les lycées, avec d'anciens déportés, je vois bien que les adolescents sont attentifs : ils ont en face d'eux des papys qui avaient vingt ans en 1940, et ça les intrigue. J'apprécie leur regard, leur rapidité. Leurs questions sur les conditions de vie et la jeunesse dans les années 1940 sont pertinentes, un vrai dialogue s'installe, un échange. La mémoire, ça s'entretient. Ils parlent avec un homme qui a été jeune, comme eux, et qui s'est opposé au fascisme comme chacun aurait dû le faire, ou devrait toujours le faire. Ce n'est pas plus compliqué que cela.

Quand on participe à un combat, le temps de réflexion est réduit, les questions amènent des réactions immédiates, des décisions, il faut aller vite, on commet des erreurs, mais cela n'est pas le plus important.

La façon dont j'ai été éduqué ainsi que le travail critique des historiens m'ont permis de comprendre de manière plus précise cette période de conflit que j'ai vécue ; les enjeux politiques, la complicité sidérante du régime de Vichy, le nombre effarant de personnes déportées et tuées pendant l'occupation nazie.

J'aurais aimé, c'est certain, qu'il y eût beaucoup plus d'initiatives pour s'opposer au fascisme. La violence et la barbarie auraient dû être une évidence à combattre pour la plupart d'entre nous. Tel n'a pas été le cas.

Il pourrait y avoir une façon amère de raconter cette histoire. J'ai moi-même été témoin d'attitudes écœurantes après la guerre : certains de mes collègues réclamaient des médailles pour obtenir de l'avancement, ils utilisaient les décorations militaires comme des pansements pour apaiser leur culpabilité. C'était pitoyable.

Mais je préfère, aujourd'hui, raconter comment de simples citoyens se sont battus, comment mon père m'a éduqué et entraîné à combattre les abus de pouvoir, les ordres arbitraires, les délires racistes, sectaires, bref, tout ce qui venait faire obstruction à la démocratie. Voilà le sujet de ce livre.

Combattre, ce n'est pas nécessairement chercher à détruire l'adversaire, c'est aussi défendre des principes très simples d'égalité, de tolérance, de liberté. En temps de paix, c'est une revendication. En temps de guerre, c'est un combat.

L'action au sein de la Résistance – même s'il y a eu des recours à la violence difficiles à accepter pour certains – a consisté à suivre une voie qui paraissait juste, et a été un combat contre la soumission, la lâcheté, l'injustice. Il y a eu des héros, Robert Deloche en était un, mon père également. Il y a eu de grandes figures qui portaient un idéal et nous éclairaient, elles ont souvent payé de leur vie pour la libération. Il y a aussi eu des petites mains, une résistance composée de gens comme vous et moi qui n'ont fait que leur devoir.

Je vais raconter tout cela en essayant de rester direct, de rendre mon témoignage clair, de me tenir au plus près des événements. Je voudrais qu'il soit vivant comme les souvenirs sont vivants dans mon esprit : j'ai tout gardé en tête.

Première partie

L'EXODE

1

Ordre de repli

Les flammes éclairent le ciel et l'odeur de fumée se mêle à celle du goudron. Je ne sais pas s'il vaut mieux refermer le volet ou continuer à aérer le wagon. Tous les dix mètres, le convoi stoppe, et quand il redémarre nous sommes secoués et obligés de nous rasseoir. La voie est encombrée. Je réussis à déchiffrer le mot SENS sur un panneau fléché ; les nappes de fumée grossissent, l'odeur prend à la gorge, le train avance péniblement.

Nous sommes le 11 juin 1940. Il y a un mois et un jour que les Allemands ont lancé leur offensive. Les blindés ont réussi à traverser les Ardennes, la flotte aérienne est surpuissante, les forces allemandes progressent, plus personne n'arrive à les arrêter nulle part, c'est la débandade.

Je travaillais dans un centre de tri aux PTT, à Paris-gare de Lyon. J'ai reçu ce formulaire, un « ordre de repli » : « Roger Belbéoch est replié par ordre à Pougues-les-Eaux, autorisé à prendre la route pour rejoindre par ses propres moyens son nouveau poste. »

D'autres étaient mutés à Clermont-Ferrand ou à Dijon. On était tous perplexes, dans notre service. On avait nos habitudes, nos relations, on formait une bonne équipe. Même si le travail était pénible – transporter des sacs toute la journée, charger des chariots, débarder les colis sur le quai –, on avait pris l'habitude de se serrer les coudes. Alors, se retrouver tout à coup séparés des camarades, séparés de la famille, sans que l'on nous donne plus d'explications, c'était difficile à encaisser... Maurice a lancé l'idée : « Et si on partait tous ensemble ? C'est la débâcle, là, on va s'arranger avec les cheminots. On va viser une grande ville, dans le Sud. » Le soir même on s'est retrouvés gare de Lyon, chacun avec une valise, une sangle et un vélo.

L'incendie progresse lentement, la ville de Sens brûle, elle a dû être bombardée peu de temps avant notre passage. Nous voyageons en direction de Lyon. Il fait nuit, personne ne dort, mais les discussions ont cessé. Nous ne savons pas bien si ce train va nous mener à bon port ni combien de temps va durer le voyage. Nous ne savons pas vraiment ce que nous allons faire à Lyon. La précipitation du départ a laissé place à l'attente. Maurice avait vu juste, on s'est bien entendus avec les cheminots, ils nous ont indiqué l'emplacement des wagons postaux, on a même eu l'embarras du choix, et un wagon pour nous cinq.

La voiture est peinte en rouge, à l'intérieur, ça sent le coaltar ; nous avons étalé au sol des sacs de jute, chacun ayant préparé son couchage. Nos bicyclettes, suspendues à des crochets métalliques, se balancent et se cognent les unes contre les autres. Paul essaie de caler les engins, mais les sursauts du train ne lui facilitent pas la tâche. Dédé fredonne en se lissant la moustache. J'hésite entre fermer l'auvent et continuer à observer les flammes. Les yeux me piquent. Je rabaisse un peu le panneau et me penche pour regarder la voie ferrée, les cailloux, les traverses, les cailloux, les traverses... On est ballottés. Je me pose pas mal de questions. Qu'on aille à Lyon ou à Clermont, si c'est pour faire le même boulot : déplacer des sacs pleins de courrier, aussi gros, aussi lourds, où est l'intérêt ? Transporter des sacs postaux dans un hangar de tri vers le quai de chargement, qu'on fasse ça à Saint-Lazare, gare de Lyon, Clermont-Ferrand ou Pougues-les-Eaux, qu'est-ce que ça va changer au juste ? J'ai bientôt vingt ans. Mes camarades, pareil. On a sûrement mieux à faire.

Dédé, par exemple, suit les cours du soir au Conservatoire, il joue déjà du violon comme un as. Maurice, avec sa fiancée qui est enceinte, pourquoi resterait-il séparé d'elle ? On est partis sans vraiment réfléchir, sans faire nos adieux – on va bien voir.

Paul a réussi à bloquer sa bicyclette contre la mienne. On va louper l'entraînement de dimanche à Vincennes, c'est pas de chance. Et le critérium au Vél' d'Hiv le mois prochain. J'ai laissé mon vélo de compétition à la maison, en sécurité, dans ma chambre. Ma « Gazelle » a l'avantage d'avoir un porte-bagages et des boyaux un peu plus costauds qu'un vélo de piste, j'ai bien fait de l'emmener, c'était plus raisonnable. Mon père aussi parlait de quitter Paris à bicyclette mais j'ai dû m'en aller avant de savoir où il allait.

La voie est encombrée, le train n'a plus l'air de vouloir repartir du tout, on entend des sifflets dans la nuit ; nous sommes arrêtés en gare de Sens. Les camarades me rejoignent pour regarder par la lucarne, alors on soulève complètement l'auvent. La foule se presse à quelques mètres devant nous, les gens vont s'entasser dans les wagons de voyageurs, c'est le grand n'importe quoi.

Les deux contrôleurs empêchent ceux qui ont de trop gros bagages de pénétrer dans les voitures. Certains sont obligés de redescendre sur le quai pour rejoindre leur famille qui n'a pas pu monter. Toute cette agitation me fait peur. Cela ressemble trop à ce que mon père m'a raconté sur la Grande Guerre et ses atrocités dans le Nord et en Belgique. Ça se bouscule et ça crie, les gens sont paniqués. C'est la même chose. Les Allemands envahissent la France, les administrations se replient de l'autre côté de la Loire, les avions lancent des bombes, les villes sont incendiées, tout le monde se sauve.

L'un des deux contrôleurs a abandonné la partie, il regarde son collègue s'agiter mais lui ne réagit plus. Il garde les bras le long du corps, se penche et crache sur le bas-côté. Il s'essuie la bouche avec son mouchoir, le regard tourné vers le nuage de fumée. Le chef de gare aussi observe le feu d'un air las, la ville détruite, les toits fumants. Il a le sifflet dans la bouche, mais il n'émet plus aucun son.

Je ne sais pas si ça m'aurait plu de travailler pour les chemins de fer – je crois que oui.

À dix-sept ans, j'avais déjà pris ma décision, je voulais gagner ma vie. J'avais mes deux brevets, élémentaire et supérieur, j'avais réussi mes examens et passé le concours d'entrée à l'école normale. Tout le monde me poussait à continuer mes études. Mon père me disait : « Tu peux y aller, on fera ce qu'il faut pour », mais je voyais bien qu'il avait déjà assez de mal à assurer le quotidien. Je lui ai répondu : « Non, je veux essayer de travailler, je vais trouver une situation quelque part dans une administration. » Alors j'ai passé des concours, à l'Octroi de Paris, à l'Assistance publique, aux Chemins de fer. Ce sont les PTT qui m'ont répondu les premiers. Je suis entré, donc, en bas de l'échelle.

J'ai eu beau suivre les cours complémentaires durant deux ans, je n'ai obtenu aucun avancement. Heureusement qu'il y a les camarades.

Dédé s'est remis à fredonner, Paul, à bâiller bruyamment. Maurice tapote sur le châssis de la lucarne avec son Opinel.

Le deuxième contrôleur s'est ravisé, il a retiré son képi et a rejoint ses collègues. Tous les trois se mettent d'accord pour faire repartir le convoi sans tarder. Le chef de gare siffle le départ, les deux agents regagnent chacun leur voiture. Les personnes immobilisées sur le quai restent interloquées, sans rien pouvoir faire. Le train est reparti.

Cela crée un appel d'air dans le wagon, et la fumée se dissipe. Un sentiment d'euphorie nous envahit, mes camarades et moi. J'aime autant dire que si on arrive à destination on va prendre du bon temps ! Et si ce détour par Lyon nous permet de respirer un peu, tant mieux, on ne l'aura pas volé.

2

La débâcle

Une bonne douche ! Je n'ai jamais vu une pression aussi forte, avec, tout de suite, l'eau à la bonne température. L'établissement est propre, moderne, lumineux, impeccable. Il y a plusieurs jets commandés par des robinets en laiton. Le carrelage est en faïence verte, le sol est couvert de petits carreaux, c'est magnifique, on dirait des émeraudes. Le mobilier en bois est peint dans les mêmes tonalités. Le personnel est souriant, ils nous ont prêté des grandes serviettes, il y a un savon par cabine, ça sent bon. Et, surtout, André a enfin pu se laver les pieds. Quand on doit dormir à cinq dans une même pièce, avec André comme camarade de chambrée, c'est un point crucial.

Le quartier est entièrement neuf, construit le long du fleuve, avec une architecture moderne, blanche, de larges trottoirs, une esplanade en dégagement et des bosquets. Les bains-douches sont situés à l'arrière d'un immeuble aux façades arrondies surmonté d'une immense cheminée.

Quand nous sommes arrivés à Lyon, nous nous sommes tout de suite présentés au centre de tri postal de Perrache. Il y avait des monceaux de courrier partout dans le hall. Beaucoup de travail en perspective. Le préposé nous a reçus avec l'air plutôt détendu, il était accueillant. Dédé s'est avancé vers lui : « Voilà... on arrive de Paris, on vient se mettre au service de la poste. On voudrait savoir comment ça va se passer. » L'autre répond : « Ben, rien ne se passe... parce que c'est la débâcle. C'est comme ça partout en France. La poste ne fonctionne plus. » On est plutôt embêtés par sa réponse. Le préposé sourit. Il nous rassure en ajoutant : « Alors ce qu'on va faire... c'est que chaque jour vous allez venir signer le registre. » Il nous demande nos noms et nos prénoms tout en établissant les feuilles de présence. Il nous propose à chacun de signer, en échange de quoi il nous remet une avance sur traitement. L'aubaine. Il nous donne même l'adresse d'une pension non loin de là.

La patronne est une femme d'une soixantaine d'années, assez forte, portant une jupe avec, pardessus, un large tablier. Elle nous accueille comme elle aurait reçu ses enfants : c'est sensationnel. On profite de la journée pour découvrir la ville. Le soir, quand nous rentrons, la table est prête, l'odeur de la cuisine nous met en appétit, un bon repas nous attend. On est aux petits oignons.

Une semaine à ce régime. Nous signons la feuille de présence le matin à la poste, on discute un peu avec les gars là-bas et puis on part en tournée dans Lyon, mais sans colis, sans courrier à distribuer – on se balade. On grimpe à Notre-Dame-de-Fourvière, on pousse jusqu'à la presqu'île. Le jour suivant, on enfourche nos bicyclettes pour aller un peu plus loin le long du fleuve, c'est le début de l'été, c'est bien agréable. Quand on rentre, on est attendus avec un bon repas. Ça pourrait être les vacances si on réussissait à oublier tout le reste.

Un soir que la patronne nous a préparé des quenelles – c'est la première fois que j'en mange –, nous discutons de la situation, de l'appel que de Gaulle a lancé depuis Londres. Personne ne l'a vraiment entendu, personne n'écoute la BBC à Lyon, mais tout le monde en parle. De ça, et aussi du discours de Pétain : « Je fais le don de ma personne à la France pour atténuer son malheur... » Dans le groupe, je suis le seul à avoir une éducation communiste, les autres ont toujours tendance à vouloir écarter les sujets politiques, à parler d'autre chose. Mais, ce soir-là, on est tous vraiment inquiets. On en a gros sur la patate de voir la déconfiture dans laquelle se trouve notre pays. La patronne nous assure que le maréchal va nous sauver de la débâcle : « Si Pétain a demandé l'armistice à l'Allemagne, c'est pour nous protéger. » C'est quand même pas croyable de dire des choses pareilles. C'est la ruine de la France qu'elle nous annonce là !

En écoutant la radio et en discutant, on se rend compte qu'on a vraiment échappé à toutes les horreurs de l'exode. C'est un choc pour nous. Les civils mitraillés par les stukas, l'avancée des panzers, les bombardements, le nord de la France ravagé, c'est vraiment terrible. Il n'y a rien pour nous rassurer ni nous remonter le moral. On prend conscience qu'à quelques jours près on n'aurait pas pu dépasser Sens, on serait restés bloqués.

Il y a maintenant des réfugiés partout. On est inquiets pour nos familles. Chacun a vraiment des raisons de se faire du souci, il nous a fallu quelques jours pour le réaliser. Maurice se demande comment sa fiancée va pouvoir fuir alors qu'elle est enceinte. Les parents de Paul sont âgés et ne connaissent personne en dehors de Paris. Moi, j'ai bien de la famille en Bretagne, mais je ne suis pas sûr qu'à Douarnenez les gens soient mieux lotis ni mieux protégés. Dédé a beau nous parler des caves et des souterrains dans la capitale, des nombreuses possibilités d'abri dans Paris, il est en train de prendre conscience que ses proches, sa famille, ses amis, à l'heure qu'il est, sont peut-être faits comme des rats.

Et, avec ça, la patronne enchaîne, elle recommence à nous parler du maréchal Pétain, le héros de Verdun. On préfère sortir fumer une cigarette.

Toutes les rumeurs concernant l'appel du 18 juin nous font penser que la résistance doit se préparer en Angleterre, sous le commandement du général de Gaulle. André dit : « Et si on y allait ? » Ah oui, si on y allait, mais comment faire ?

Aucun de nous, à cause de notre âge, n'a encore été mobilisé. L'idée nous vient en toute fin de soirée, avant de nous coucher : il faudrait peut-être commencer par s'engager dans l'armée. On va aller au bureau de la gendarmerie et proposer nos services comme volontaires.

Dès le lendemain, on se présente : « On a entendu dire que l'armée française allait se reconstituer sur la Loire... » Les gendarmes nous laissent parler trente secondes et se mettent à rigoler. Ils se foutent de nous ouvertement : « L'armée française, c'est bientôt un vieux souvenir, qu'ils nous rétorquent. — Ça veut dire quoi ? — C'est simple, il n'y a plus d'armée française. C'est du passé. Il y a un nouveau gouvernement en train de se créer. C'est l'armée allemande qui va s'occuper des questions de sécurité. » Ce sont des gendarmes, des militaires français qui nous disent ça, et ça les fait marrer !

3

La déroute

Nous ne sommes pas spécialement doués ni spécialement mauvais en géographie, mais quand, à la gare de Lyon-Perrache, on nous dit qu'un train part bientôt pour Perpignan, nous comprenons qu'il ne faut pas manquer l'occasion.

On repère les wagons postaux à l'arrière du convoi. À des cheminots occupés à faire des vérifications de sécurité entre les voitures, on demande si on peut s'installer. Personne n'y voit d'inconvénient.

On hisse les bicyclettes, on récupère des sacs vides pour servir de paillasse. Dans nos bagages, on a ajouté quelques boîtes de conserve et une gourde pour partager l'eau. C'est reparti.

Si nous voulons aller en Angleterre rejoindre de Gaulle, il faut faire un détour par l'Afrique du Nord. D'abord rejoindre les troupes françaises au Maroc ou en Algérie, voir ensuite comment rallier la Grande-Bretagne. Nous décidons de descendre à Sète.

C'est la première fois que je vois la Méditerranée. Le port me rappelle Douarnenez, l'été, pendant les congés. Mais les vacances sont bel et bien finies. Et si nous trouvons les habitants un peu trop tranquilles et débonnaires à notre goût, c'est que nous sommes inquiets. Nous en avons assez de rester inactifs. Les deux jours de voyage en train nous ont contrariés.

On ne voit aucun bateau partir, tout est bloqué. Dans la rade, quelques chalutiers manœuvrent, et, encore, la plupart restent à quai. On rumine.

Est-ce qu'il faut enfourcher les vélos et rouler jusqu'à Marseille ? Est-ce qu'il y a d'autres ports par lesquels transiter vers l'Afrique ? Si on prend à gauche, on a facilement cent cinquante kilomètres à faire, la Camargue à traverser, et aucun grand port, aucune ligne maritime sur le chemin. Marseille est une destination lointaine et hasardeuse.

Nous nous apercevons, à Sète, que la recherche de renseignements est une chose compliquée. On nous prend pour de gentils adolescents, pour des jeunots, ou bien on se méfie de nous. Nous avons un mal de chien à dégoter une information valable.

On fait le tour du bassin portuaire avec nos vélos. On grimpe en ville, on parle aux gens sur les petites places en enfilade. On va dans les cafés près du marché couvert. Tout le monde nous confirme qu'à part des chalutiers qui font un tour de pêche avant de rentrer au port le trafic maritime est bloqué. Plus un bateau ne fait la traversée de la Méditerranée. Ça ne sert à rien de rêver, on n'a aucune chance de tomber sur un navire qui nous emmènera en Afrique, au départ de Sète, pas plus que de Marseille, d'ailleurs. Il nous faut trouver un autre moyen.

Nous prenons le train pour Toulouse. Toulouse est une ville plus grande, avec un bon réseau de transports, nous allons bien croiser des volontaires pour la France libre à un moment ou à un autre...

Comme à Lyon, nous allons d'abord pointer au bureau de poste central et demander une avance sur traitement. La petite opération fonctionne bien et nous rassure un peu car, pour la suite, on a besoin de réserves. D'un point de vue matériel, nous ne sommes pas à plaindre, mais nous vivons en pleine débâcle. Les réfugiés arrivent en masse, cela risque vite de tourner au chaos et à la misère.

L'avancée des Allemands en France a été un choc. La plupart des gens croient que l'armistice est une bonne chose, un moindre mal qui évite les troubles. Tout le monde pense que pour maintenant, il faut attendre.

Mais attendre quoi ? Quand j'ai proposé à mes copains de contacter les sections communistes, j'ai été accueilli froidement. Pourtant, la meilleure façon de s'organiser et de combattre est de trouver soit des militaires français, soit des personnes engagées pour la France libre.

Quand on parle avec des gars des PTT, par exemple, on se rend vite compte que leur principal souci est le bon fonctionnement de l'administration : ils souhaitent juste que les activités puissent reprendre normalement. Je suis obligé de me mordre les lèvres pour ne pas réagir quand j'entends dire que Paris est devenu soviétique. L'alliance entre les Russes et les Allemands, le pacte germano-soviétique n'a pas fini de secouer l'opinion. Les pires rumeurs circulent, elles sont là pour entretenir la crainte. Nous qui sommes de Paris et de la banlieue, nous entendons des bobards invraisemblables sur la jeunesse dépravée dans la capitale, les jupes courtes et l'alcool. Ce qui est bien, avec les copains, c'est qu'on peut discuter. Parfois les avis divergent, mais aucun de nous ne se laisse berner par les ragots ni par la propagande réactionnaire. On en rigole plutôt.

Début juillet, nous partons pour Foix : nous pensons qu'en nous rapprochant des Pyrénées nous aurons une plus grande marge de manœuvre. L'Espagne n'est pas loin. Nous nous renseignons à la gare pour savoir s'il y a des passeurs qui pourraient nous aider à traverser la frontière et demander si on doit couper par Andorre, viser en priorité l'Espagne ou, plutôt, chercher un itinéraire le long de la côte méditerranéenne. « Faites attention si vous partez en Espagne, vous avez la Guardia civil qui va vous arrêter. Les militaires français qui essaient de passer vers l'Espagne sont mis dans des camps. » Nous, on est motivés, on veut absolument partir, rejoindre les forces combattantes, c'est maintenant ou jamais. Les gars sont formels : « Vous allez vous casser le nez. »

Je propose qu'on essaie quand même de se rapprocher des communistes ; ça ne plaît pas trop aux copains, mais en même temps ils n'ont pas d'autres propositions à faire. Dans un café, sur la place, on réussit à discuter avec un camarade. Le PC a été dissous, mais on reconnaît les communistes à leur franc-parler ; nous apprenons que certains militants sont internés dans les camps français, avec les réfugiés espagnols. Ça sent mauvais, tout ça. On se dit que ça ne sert à rien de traîner. Il vaut mieux remonter vers Toulouse.

Nous ne sommes pas très fiers d'avoir à faire demi-tour sans avoir pu trouver la filière pour passer en Espagne. Nous avons l'impression d'être coincés. Nous voudrions combattre pour la France libre, mais rien ne nous permet d'agir. Le soir même, nous entendons le discours retransmis à la radio après l'armistice. C'est la fin des hostilités, le maréchal Pétain appelle les Français au redressement national : « Notre défaite est venue de nos relâchements... L'esprit de jouissance détruit ce que l'esprit de sacrifice a édifié. » La France a donc capitulé. Le pays est occupé par des militaires allemands qui terrorisent la population et font des milliers de prisonniers, en conséquence de quoi le Maréchal nous demande de nous repentir.

4

Bordeaux

Paul nous apprend qu'il a un oncle sur la côte Atlantique, « de là-bas on pourrait sûrement passer en Espagne. — Hé, Popaul, tu pouvais pas le dire plus tôt ? »

Nous voilà partis pour Bordeaux. Quand nous arrivons gare Saint-Jean, nous sommes stupéfaits devant l'agitation et la foule. Quelle cohue !

Alors que tout le monde se presse vers le centre-ville, nous décidons de passer par le secteur Belcier, qui est déjà plus calme. Les entrepôts alternent avec les maisons ouvrières et les petits jardins. Paul se creuse les méninges pour retrouver l'endroit où travaille son oncle. Nous rejoignons les quais de la Garonne. Il faut lui laisser le temps. « Allez, ça va te revenir, Paul, ne t'inquiète pas. »

Biscarosse ! Il habite à Biscarosse. Cinquante kilomètres à vélo, cela nous permet de faire un peu d'exercice et de nous délier les jambes. L'oncle de Paul travaille dans une base de construction aéronautique, il veut bien essayer de nous aider. À commencer par le logement ; il connaît une adresse à Pessac, un pavillon à louer. Nous pouvons y rester le temps d'accomplir les démarches et de prendre les contacts pour un passage en Espagne.

Le fait de loger à Pessac nous rapproche de Bordeaux, c'est à moins d'une heure à vélo, nous y allons presque chaque jour. Le centre-ville est bondé et un peu anarchique, avec l'afflux de réfugiés.

Les militaires français, les gradés, j'entends, ont tout de même une drôle d'allure pour des vaincus. Ils se pavanent rue Sainte-Catherine, avec de jolies femmes à leur bras, la rosette en évidence et le pli du pantalon bien marqué. Si c'est cela qu'entendait le maréchal par « redressement national », nous, on est plutôt perplexes.

Le gouvernement s'est replié ici au moment de la débâcle. Puis Bordeaux a été occupée par les Allemands, et Pétain a dû trouver un autre endroit où s'établir. On dit que les villes de Lyon et de Toulouse ont été écartées car elles étaient des fiefs « rad-soc' ». Un port comme Marseille, c'était trop risqué, et Perpignan trop près de la frontière. Ces messieurs sont partis à Vichy.

Nous fréquentons assidûment le grand café du centre-ville, cela nous permet de nous tenir au courant des événements et de discuter de la situation politique. Nous avons toujours du mal à digérer l'armistice : l'annexion de l'Alsace et de la Lorraine, le rattachement du nord de la France au gouvernement allemand de Bruxelles, la ligne de démarcation, ça ne passe pas.

Alors, quand on voit arriver la Wehrmacht... on est en terrasse, on arrête de discuter. Le patron a laissé la bouteille de Marie Brizzard sur la table. Les Allemands défilent, on se prend une cuite, j'aime autant dire, consciencieusement... Je ne suis pas près de reboire cette liqueur-là.

*

* *

Les parties de poker se succèdent, les virées à vélo, le retour, le soir, dans notre pavillon. On vit comme des rupins. André a une chambre pour lui tout seul et un balcon pour aérer ses chaussures. On va en ville, on mange au restaurant... On n'est pas à plaindre. Avec le système des avances sur traitement à la poste, avec notre passage à Lyon et à Toulouse, on a déjà touché trois mois de paie en trois semaines.

Pour faire plaisir à Dédé, un jour nous entrons chez un luthier. Dédé regarde les violons, ça le démange, ça fait longtemps qu'il n'a pas joué. Il consulte les partitions. Nous, on n'y connaît rien en musique, alors on le laisse se débrouiller. Dédé demande au luthier s'il est possible de louer un instrument. L'homme va chercher un violon dans sa réserve, un joli petit objet dont les cordes sont complètement distendues. Dédé hésite, il dit que ce genre de crincrin, c'est pour les enfants, mais il le prend quand même, il l'accorde, fait des gammes. Le luthier voit bien que Dédé n'est pas un mauvais bougre et que, même, c'est un bon musicien. Il repart dans l'arrière-boutique, rapporte un étui contenant un violon plus grand que le premier et lui dit d'essayer plutôt celui-là. Nous, ses copains, on est impressionnés, ce n'est pas un milieu qu'on fréquente, les musiciens, et les boutiques poussiéreuses, ce n'est pas trop notre tasse de thé non plus, mais dès qu'on entend Dédé entamer un morceau c'est formidable. Le luthier aussi est impressionné, Dédé a choisi d'exécuter du Paganini, le *Mouvement perpétuel*, un vrai morceau de bravoure.

C'est ainsi que chaque jour de juillet, en fin d'après-midi, sur la pelouse du pavillon, Dédé nous offre un récital. Il a du talent, et les voisins apprécient le spectacle, le temps est agréable, on goûte du bon vin, on passe de bonnes soirées. C'est un peu la vie de patachon.

Quand on ne va pas à Bordeaux, on prend le vélo et on pousse jusqu'à Biscarosse, on se renseigne pour savoir s'il y a des possibilités de passage par Hendaye, par Irún, mais on nous le déconseille. Là aussi, on nous parle de la Guardia civil, du camp de Gurs, dans lequel sont internés les réfugiés espagnols mais également des militants politiques. Les semaines passent, et on commence à se décourager. Il faut dire qu'on n'a plus de contacts avec nos familles, et on a de moins en moins confiance en l'oncle de Paul pour nous trouver un passeur. Ce n'est pas sa faute, mais on sent bien que tout cela risque de s'éterniser.

Un jour que nous nous promenons à Bordeaux, rue Sainte-Catherine, au milieu de la foule, je crois reconnaître Marcel, un voisin de Saint-Maurice. Je m'approche : c'est bien lui. Il habite au deuxième dans notre immeuble, il est arrivé aujourd'hui après plus de trois semaines de route à bicyclette. Il m'explique : « Je suis parti avec ton père et Georges Martin. À trois, à vélo. » J'apprends que mon père et son camarade ont décidé de rester dans le Loir-et-Cher et d'attendre l'arrivée des Allemands pour les combattre.

Quand je rejoins les copains et que je leur communique l'histoire que Marcel vient de me raconter, je ne mesure pas bien les implications de cette affaire, la violence de l'exode. Tout le monde m'écoute avec attention, et, surtout, on prend immédiatement notre décision, on en a assez d'être sans nouvelles de nos familles, on n'en peut plus de ces vacances forcées, on décide de rentrer à Paris, c'est plus possible, on en a marre de traîner.

On va voir les services postaux pour se renseigner sur les possibilités de retour. Il nous faut un ordre de mission, alors on nous envoie à la préfecture. On doit remplir un formulaire et attendre le visa du préfet. On fait ce qu'il faut, on fait la queue, on patiente, on revient. Le jour où les papiers sont disponibles, nous les récupérons et filons à la gare. Nous chargeons les vélos dans un wagon de marchandises et cherchons une place dans les compartiments voyageurs. Le train est bondé, le voyage promet d'être long et pénible, mais on est tous contents : on rentre à la maison.

5

Retour à Paris

Nous nous séparons gare d'Austerlitz. Chacun enfourche sa bicyclette et part de son côté. Je prends la direction de Vincennes. Quelque chose a changé, les palissades blanc et rouge, les panneaux indicateurs écrits en allemand : *Eingang, Kino, Krankenhaus*... Ce n'est pas seulement ça, c'est une sensation plus profonde et qui prend aux tripes. Il n'est même pas huit heures du soir, et il n'y a personne dans les rues. C'est la fin de l'été, il fait encore jour, j'arrive à Vincennes, il fait beau, personne ne se promène dans le bois. Ce calme m'impressionne.

À Saint-Maurice, apparemment on ne s'attendait pas à me voir. Je grimpe l'escalier, mes parents habitent au troisième, ils sont à table. C'est la grande surprise, les embrassades, mon père crie de joie : « Roger est revenu ! », ma grand-mère me caresse les cheveux, on me dit de m'asseoir, on me sert du potage, quel soulagement ! Je sens que j'en ai gros sur le cœur, et, comme pour couper court, mon père s'empresse de me raconter ce qui s'est passé en juin : « Tu sais qu'on a été perquisitionnés deux jours après notre départ, ça n'a pas traîné. » Il m'apprend que cinq personnes sont entrées dans l'appartement, deux militaires allemands et trois Français en civil. Ma belle-mère avait bien fait le ménage, ils ont eu beau fouiller, ils n'ont pu trouver ni un tract ni une lettre. Un des gradés a demandé si c'était fini, et ma grand-mère – c'est une vieille dame – a répondu naïvement qu'il y avait aussi la chambre du petit, dans la mansarde, là-haut. Ils sont montés. Derrière la porte se trouvent les gaules pour aller à la pêche et les drapeaux pour aller aux manifs. Un des Allemands demande de quoi il s'agit. Ma belle-mère répond que c'est du matériel de pêche. Le Français traduit et les Allemands ne cherchent pas à vérifier, ne déroulent pas les drapeaux, sortent de la pièce et repartent bredouilles. Dès juin, les dénonciations avaient commencé, selon mon père. « Ça n'a pas traîné. Je préfère même pas savoir qui nous a balancés. »

Je monte vérifier que mon vélo de piste est toujours en place. Rien n'a bougé dans ma chambre. Je redescends saluer la concierge, Mme Talbot, ainsi que M. et Mme Hamard, les voisins du deuxième. Avec M. et Mme Legrand, nos voisins de palier, nous nous retrouvons dans l'appartement des parents et ouvrons une bouteille pour fêter ça. Je leur raconte mes trois mois de bourlingue avec les copains ; Lyon, Sète, Toulouse, Bordeaux, je suis bien content d'être rentré à la maison. Mon père, à son tour, nous explique son périple dans la Loire.

« Nous sommes partis le 14 juin à quatre heures et demie du matin, le temps était brumeux. Très vite, sur les routes, nous avons croisé des réfugiés dans un terrible état de détresse, c'était vraiment la misère, il y avait des cadavres, des hommes, des femmes, des chevaux morts, éventrés. Nous avons trouvé un train de marchandises dans lequel nous sommes montés. En seize heures, on a dû faire vingt kilomètres. Vers dix heures du soir, on s'est dit qu'on ne pouvait pas continuer comme ça. On a poursuivi à vélo après Orléans, jusqu'à Meung-sur-Loire. Des braves gens nous ont hébergés, et on a été réveillés à six heures par des bruits d'avions. Ils volaient à basse altitude, à trente mètres tout au plus, on devait se boucher les oreilles à cause des détonations, les shrapnels tombaient un peu partout. Dans la rue, juste devant nous, une demoiselle, la fille du maire, a été abattue.

« On est partis en pleine nuit, avec l'idée de passer le pont avant qu'il soit détruit. Quarante kilomètres de route jusque Bracieux, et, là, de nouveau les avions allemands avec les mitrailleuses qui tirent dans le tas, un vrai cauchemar. Nous sommes arrivés dans une ferme, les paysans se préparaient à partir, nous leur avons demandé si nous pouvions loger là, ils nous ont répondu que pour le moment ils mettaient tout à notre disposition : maison, bêtes et vin. La situation était intenable, les coups de canon approchaient, l'accès à Tours et à Blois était interdit. La région était cernée. Nous nous sommes rasés, nous nous sommes baignés au puits, nous avons lavé notre linge. Alors que nous étions dans la basse-cour pour tuer une poule, on allait l'égorger, les fridolins [les Allemands] sont apparus : "Pas soldats français ?" a demandé l'un d'eux. J'ai répondu non de la tête. Ils ont fouillé la grange, revolver à la main, et ils sont repartis comme ils étaient venus.

« Les paysans sont rentrés dans la nuit. On a réparé nos vélos, les Allemands allaient et venaient, ils patrouillaient sans poser de questions. Le 22 juin, nous sommes partis travailler dans les vignes avec d'autres réfugiés. À Cour-Cheverny, nous avons croisé le petit coiffeur de Saint-Maurice, celui qui remplaçait Dubreuil. Il nous a rapporté les bruits qui couraient. La signature de l'armistice serait fausse, les trains de Blois vers Paris étaient bloqués. Nous sommes retournés à la ferme.

« Deux jours plus tard, la ligne de feu était à soixante-dix kilomètres devant Poitiers. On ne pouvait pas continuer vers l'intérieur, le front reculait, on a décidé de retourner à Paris. Tant pis pour la casse. »

Deuxième partie

LA RÉSISTANCE

6

Barrage

Puisque nous sommes de nouveau réunis à Paris, autant essayer de nous organiser tous ensemble.

À vingt mètres de chez nous, dans le même pâté de maisons, il y a un café, Chez Vermont, où nous avons nos habitudes. On joue aux boules lyonnaises dans la cour, au billard anglais dans l'arrière-salle. On récolte des contacts, on s'informe sur les possibilités d'action, de contre-propagande, d'aide aux personnes poursuivies par la police de Vichy. Nous réunissons bientôt une quinzaine de membres en comptant les voisins et les camarades du parti. La salle de billard devient notre quartier général.

Je reprends le travail à la poste. On m'affecte au service des rebuts, rue du Louvre.

Je passe le gros de la matinée assis face à une pile de papiers : ce sont les lettres avec la mention « n'habite pas à l'adresse indiquée » que je dois ouvrir quand l'adresse de l'expéditeur ne figure pas sur l'enveloppe. Il y a de tout, des courriers de prisonniers, des lettres d'amour, beaucoup, des histoires de famille, des photos d'enfants, de l'argent, des choses très intimes.

Souvent, je me laisse aller à la curiosité. Je passe du temps sur chaque lettre, car c'est tout de même délicat : si on renvoie un courrier à l'expéditeur et que l'expéditeur a disparu, la famille peut ouvrir le pli ; on peut créer des malentendus terribles si on s'y prend mal. Il m'arrive de ne pas retourner un pli.

Je travaille de six heures à quatorze heures, je décortique des courriers, je lis des histoires de gens que je ne connais pas, des drames familiaux, des disparitions, des ruptures, des décès – cela me colle le bourdon. L'après-midi, je reviens à Saint-Maurice et je vois Claudine, ma petite amie, elle aussi sort assez tôt de la biscuiterie où elle travaille, on se promène au bois, on se fréquente un peu plus ces temps-ci.

Je la connais depuis l'école, on faisait partie de la même fédération sportive, la FSGT (Fédération sportive et gymnique du travail), où on pratiquait l'athlétisme. Elle n'est pas très grande, elle a de beaux yeux en amandes et des cheveux roux ondulés. Elle me met du baume au cœur.

En fin de semaine, nous allons danser sur les bords de la Marne. Les bals sont interdits, mais, quand les policiers font une descente, le public se met à chanter comme s'il s'agissait d'un radio-crochet.

Des amis de mes parents, les Caillé, tailleurs à Paris, me choient depuis que je suis gosse : ils ont perdu un fils de mon âge ; je passe les jeudis après-midi avec eux, et ils tiennent toujours à m'habiller sur mesure. Je suis donc sapé à la dernière mode. Costume ajusté, chemises surpiquées, pantalons de golf, chaussettes jacquard, gants de peau... Tout cela est presque trop beau pour un manutentionnaire de la poste.

Je dois tenir de mon père. Je veux donner une bonne image de moi-même, même si je travaille aux rebuts, ce n'est pas une raison pour être négligé. Mon père a un poste à l'entretien du bois de Vincennes et, sous son bleu de travail, il est tiré à quatre épingles. Il a de l'autorité sur les camarades qui l'appellent Joss. Les discussions sont fréquentes à propos de la ligne du parti communiste : ils ont de sacrées divergences, quoique fraternelles. L'Union soviétique a conclu un pacte avec l'Allemagne, le PC soutient les bolcheviques. Mon père, lui, est absolument contre cette alliance et n'aime pas cette position du parti : « Va-t'en expliquer ça à la population... »

L'autre idée difficile à faire passer est celle de la lutte armée. Pour l'instant, les gens préfèrent attendre de voir comment Pétain va nous sauver, ils ne parlent que des moyens d'améliorer leur quotidien.

Il faut organiser quelque chose. Il faut réagir contre l'occupant, il faut rejoindre la France libre, ou alors rester pour convaincre la population de résister contre les ennemis, c'est-à-dire contre les Allemands et contre le gouvernement de Vichy.

Les premières opérations de notre groupe consistent surtout à faire circuler des journaux interdits, *L'Humanité*, *La Vie ouvrière*, ou à distribuer des feuilles ronéotypées. Ceux d'entre nous qui travaillent à Paris se partagent les liasses, ça va plus vite : « Allez, donne encore des tracts à Roger. »

Nous sommes passés à l'heure allemande, c'est-à-dire une heure plus tôt qu'avant l'Occupation. Quand je dois partir au boulot, je me lève à quatre heures du matin. Je quitte Saint-Maurice un peu avant cinq heures pour être rue du Louvre avant six. Je cale les paquets de tracts sur le porte-bagages et je passe par le bois en sifflotant. Le temps est doux.

C'est le début de l'automne, les petits oiseaux gazouillent, la terre est fraîche, couverte de rosée, j'entends des bruits dans les fourrés, du gibier, certainement. J'arrive sur la longue piste, accélère. Les courses cyclistes me manquent. Porte de Charenton, à pleine vitesse, je débouche au grand carrefour et, là, je tombe sur un barrage : les feldgendarmes avec leurs mitraillettes.

Ils vont me fusiller, je me dis, si je fais demi-tour ils me tirent dessus. Je sors de ma poche le brassard rouge et l'*Ausweis* qui permet de circuler librement pendant les heures de couvre-feu. J'enfile le brassard ostensiblement. J'avance vers eux. Ils ont mon âge.

« *Halt* », dit le premier. Je m'arrête. « *Was ist das ?* » Il désigne mon paquet de tracts. « *Was ist das ?* » Je ne parle pas allemand, je montre mon brassard. Je réponds : « Du courrier... Des lettres... » Ils n'ont pas l'air non plus de comprendre ce que je dis. Je touche le paquet en souriant et en articulant le mieux possible : « La poste, postal, courrier postal ! » Leur mine se radoucit, « *Postal, raus* ». Ils me font signe de passer.

Le dispositif du barrage est impressionnant. Des chevaux de frise, des fils barbelés entrelacés forment des parois entre lesquelles je me faufile lentement. Une fois le barrage franchi, j'enfourche mon engin, je roule, je prends la rue de Charenton. Dès que je me sais hors de vue, je pose le pied à terre, je me mets à trembler, les jambes, les mains, les bras, je regarde ce foutu colis. Je claque des dents. C'est comme si j'avais failli me noyer.

7

Prises de parole

« Si on est dans la merde, c'est à cause d'eux ! », voilà ce que l'on entend dans les files d'attente. Les Juifs, les communistes, les Anglais, tout le monde en prend pour son grade.

Nos actions de partisans consistent surtout à nous glisser dans les queues, dans les marchés, dans les gares, et à lancer la discussion : nous devons lutter contre la propagande de Vichy, les idées réactionnaires et antidémocratiques. La plupart du temps, les gens se taisent, ils ont peur des arrestations, personne ne veut avoir de problème. Ils n'ont rien demandé à personne et ils veulent la paix, dans le sens : qu'on leur fiche la paix. Et puis il y a les irascibles, ceux qui sont remontés contre la gueuse, contre la démocrassouille, ils voient des complots judéo-maçonniques partout ; ils disent qu'il faut rétablir l'autorité. Avec eux, ce n'est même pas la peine de discuter. Quand j'entends quelqu'un dire : « Plutôt Hitler que le Front populaire », j'arrête de discuter.

Au printemps 1941, je suis muté place de l'Europe, au centre de tri de la gare Saint-Lazare, à la réception des courriers et des colis. On m'a notifié ma nouvelle affectation par courrier. Ce n'est pas une promotion. Le travail est dur, physique, l'inspecteur général n'est pas très sympathique, c'est le moins qu'on puisse dire. Mais l'équipe et les horaires sont corrects, les gars sont bien, l'ambiance est bonne a priori. On me demande de signer un papier attestant que je ne suis pas juif.

Je n'ai pas à certifier que je ne suis pas juif, c'est quoi, cette blague ?

Mes voisins de palier sont juifs, je pourrais tout aussi bien l'être. Il va bientôt falloir certifier que je suis breton d'origine, c'est ridicule ! Je ne signe pas. « Mais on demande la même chose à tous les fonctionnaires de l'État français. » Tant pis pour eux. Il faut lutter contre ça, c'est absurde. Ce n'est pas possible d'entrer dans des considérations pareilles. Je trouve cela honteux, je ne signe pas. Les gars sont interloqués. Et, moi, je suis énervé.

Un mois plus tard, une lettre de relance arrive à la maison : on me presse de signer le papier. Le bureau de Saint-Lazare l'avait renvoyé à l'administration en signalant que j'étais en congés à cette période-là. Les rouages administratifs fonctionnent à merveille. Peu de temps après, je reçois ma première convocation pour le bureau de placement des travailleurs. Partir en Allemagne, très peu pour moi.

Dans l'immeuble, on sent tous que la tension monte. Les voisins sont solidaires, Pierre Legrand, sa femme Denise, Marcel Gacon, André Saxe, tout le monde est d'accord pour cacher les personnes qui fuient la police, que ce soient des réfugiés, des Juifs, la main-d'œuvre immigrée, peu importe. Quand nous avons commencé à cacher des camarades en fuite, nous ne leur avons pas demandé leur carte du parti ni à quel bataillon ils appartenaient. Nous sommes en guerre ; celui qui est contre l'occupant est avec nous.

Notre immeuble a une configuration particulière, il y a la cage d'escalier principale pour monter aux étages ; à gauche, une porte dérobée mène vers un autre escalier d'une vingtaine de marches, c'est un accès à la cave et à deux pièces qui donnent sur le jardin.

Ces deux pièces n'étant pas utilisées, elles ont vite été réquisitionnées pour les besoins de notre groupe de résistants. Comme la concierge est originaire de Montreuil, les jeunes qui ont des problèmes là-bas avec la police arrivent ici, dans notre immeuble. Ceux qui doivent se planquer un certain temps peuvent y loger, ils sont nourris avec des titres de rationnement que collectent les membres de la section, et ils peuvent s'enfuir par le jardin en cas de descente : c'est une bonne planque. Les autres passent dans la salle de billard de Chez Vermont avant de prendre le large ou d'être orientés ailleurs – nous ne savons jamais ce que devient un fugitif.

Le boulot à Saint-Lazare est harassant ; charger les sacs, prendre le monte-charge, débarder le courrier. Des sacs de trente à soixante kilos, dix sacs par chariot, ce n'est pas facile à soulever. Il faut de la force pour y arriver, je m'épuise, et je n'arrête pas de me dire que c'est un boulot inutile dans un pays compromis. Je suis en colère.

Un jour, alors que je viens péniblement de pousser le chariot au troisième étage, l'inspecteur principal me demande de monter sur la table de tri et de décharger les sacs, mais non, là, c'est hors de question, je ne monterai pas. Non.

« Et pourquoi non ? — C'est un travail de force, je lui réponds. Ce n'est pas dans mes attributions de décharger les sacs. Ou alors je veux des tickets de rationnement supplémentaires, vous m'avez nommé J3, vous me faites passer en T. Est-ce que j'ai raison ou pas ? — Vous êtes un agitateur », dit-il.

Chaque jour, on nous annonce une mauvaise nouvelle : l'URSS a été envahie par l'Allemagne, on va exécuter des otages français en représailles à des actions de sabotage, la ration de viande va encore diminuer, Untel a été arrêté...

Robert Deloche, par exemple. Cet ami de la famille était membre du conseil général de la

Seine avant-guerre. Il était dans l'action depuis longtemps, il avait rejoint l'Angleterre en passant par Dunkerque. Mais il avait préféré revenir se battre en France ; on l'avait vu réapparaître début 1941 Chez Vermont, il avait perdu quelques kilos.

Ensuite, en août, il a été arrêté par la police, conduit à la préfecture et cuisiné puis envoyé au camp de prisonniers politiques de Châteaubriant. Depuis, nous n'avons plus de nouvelles.

Comme mon père et la plupart des habitués du Vermont, j'adhère au Front national de lutte pour la liberté et l'indépendance. Il s'agit d'une organisation qui émane du parti communiste et qui a été créée en mai 1941. Nous voulons lutter contre les « capitulards » et les « traîtres ». Nos actions se multiplient. Nous nous déplaçons par petits groupes, distribuons nos tracts très vite et disparaissons. Il ne faut pas se faire prendre, sinon, c'est l'interrogatoire, ça dure des plombes et ça laisse des traces. Les mots d'ordre sont simples : contre le capitalisme, contre le fascisme, contre un gouvernement qui collabore avec l'ennemi. À bas Pétain.

Les positions respectives se durcissent entre les partisans et les militants d'extrême droite, les collabos. Dans les rues, on est pris à partie. Un jeune collègue, Georges Petit, se fait arrêter à Bastille, on n'a plus de nouvelles. Ça castagne aussi, parfois. La police est dans leur camp, on est obligés d'aller se protéger dans les cafés ou, avec Popaul, de se réfugier chez ses parents, rue de la Cerisaie. On va se planquer sur les toits. On attend que ça passe en regardant le paysage, le Génie de la Bastille, la perspective des avenues, les forêts en périphérie et, à l'est, les fumées d'usines.

8

Le travail en Allemagne

Rita n'aime pas les uniformes. Le petit fox-terrier que mon père à trouvé en débroussaillant les canaux au bois de Vincennes est une chienne adorable, mais elle se met à hurler dès qu'elle croise un uniforme. Que ce soient les vert-de-gris ou les facteurs, elle ne fait pas de différence, elle attaque. On l'emmène se promener quelquefois, avec Claudine, du côté de la caserne de la Faisanderie. Quand on arrive près du bâtiment, je suis obligé de tenir Rita attachée : elle va se prendre un coup de mitraillette, à force.

La législation de Vichy n'est ni plus ni moins qu'une dictature. Tous les amis se sentent fliqués. C'est bien simple, il n'y a pas un occupant, il y en a deux. Depuis que Vichy a décidé de collaborer, il y a deux forces occupantes en France, ce qui les rend terriblement efficaces.

Plusieurs trains remplis de jeunes Français partent chaque semaine pour l'Allemagne : le travail volontaire concerne de plus en plus de monde. Je reçois une convocation de la mairie de Saint-Maurice prétextant une visite médicale. Le maire est un type qui a été nommé par Vichy, il ne faut pas nous prendre pour des idiots, ils sont en train de recruter des travailleurs. Mon père me dit : « Attends, j'y vais à ta place. Ils vont voir un peu ! » Il part à la salle des fêtes.

Quand il revient, il est écarlate, ses yeux sont injectés, il a besoin de se calmer. Il s'assoit et nous raconte : « Il y avait des médecins en blouse, la Gestapo, des policiers, et M. le maire. Pas grand monde du côté de l'assistance, tant mieux.

« J'ai foncé directement vers les Allemands, je leur ai montré mon crâne, à ces blancs-becs : "J'ai fait 14, moi. Regardez ces cheveux blancs." Les Allemands ne comprennent pas de quoi je parle, ils veulent me dire bonjour, ils font leur salut, là. "Je vous ai battus en 14, vous m'entendez ?", je leur dis.

« C'est à ce moment que le maire intervient : "Mais enfin, monsieur Belbéoch, ce n'est pas vous qui êtes convoqué, c'est votre fils, évidemment."

« Là, je suis entré dans une furie, les gars : "Répétez ça devant moi et je vous tords le cou. Vous oubliez mon fils, d'accord ? Et vous m'oubliez si vous ne voulez pas avoir de problèmes." »

Une semaine plus tard, la police vient prendre des renseignements sur mon père et moi auprès de notre concierge. Heureusement, Mme Talbot est avec nous dans la Résistance. Elle raconte aux policiers que je suis fait sur le même moule que mon père : je suis honnête, serviable et courageux. Comme tous les Bretons, j'ai le caractère bien trempé, mais je ne suis absolument pas un mauvais gars... Après cet épisode, Mme Talbot nous conseille quand même de nous tenir à carreau.

Mais ce n'est pas l'idée que je me fais de l'existence ; passer ses journées à pousser des chariots, à chercher un peu de charbon ou des allumettes, un morceau de cuir pour réparer ses chaussures, à faire la queue pour avoir sa ration et se faire poinçonner le carton. On est sous la botte. Il faut faire viser sa carte de travail tous les quinze jours à la mairie du Xe.

Bon gré, mal gré, je me pointe là-bas deux fois par mois. Un jour, on me dit d'attendre. Deux policiers arrivent et m'emmènent. Ils m'embarquent à la caserne de la Pépinière, entre les places de la Madeleine et de la Concorde. Ce sont des policiers français, pas bien méchants, d'ailleurs : « Ça fait plusieurs fois que vous êtes convoqué par le bureau de placement et vous ne vous présentez jamais », on avance ensemble dans la cour, « cette fois-ci, on veut être sûrs que vous y allez », ils m'indiquent un bâtiment et me saluent. J'attends un peu qu'ils s'éloignent et je fais demi-tour sans aller pointer.

Je récupère mon vélo dans le Xe et retourne au travail. Je sais que ça va mal tourner, toute cette histoire, l'étau se resserre. Je n'en parle pas à mon père, je préfère laisser couler.

*

* *

Début 1942. Je reçois une nouvelle convocation. De la grande kommandantur, cette fois-ci. Excusez du peu.

Il fait un froid de gueux, je sors des entrepôts de Saint-Lazare et je marche en direction des grands magasins. On verra bien, je me dis. Je n'ai pas peur. Ce n'est pas de l'insouciance ni du fatalisme. Je crois que c'est la fatigue, je suis engourdi par le froid et le peu de nourriture. Je ne pratique plus de sport depuis des mois, je fais un travail de forçat, j'ai mal aux articulations et au dos. Je prends un repas chaud le soir, une tartine le matin. Quelquefois j'ai des vertiges, ce qui n'est pas étonnant. On dit que les conditions sont meilleures à la campagne, je veux bien le croire. Mais l'hiver est rude pour tout le monde.

Il n'y a personne sur les trottoirs, les vitrines font mal au cœur. Sans parler des pancartes qui signalent les magasins tenus par des Juifs.

Je continue à marcher à mon rythme, tranquillement, je passe derrière l'Opéra. Les services administratifs de la kommandantur sont indiqués par des banderoles rouge, blanc et noir, avec des croix gammées. C'est impressionnant. Il n'y a personne dans la guérite. Un tapis pour monter jusqu'à l'entrée. Une porte magnifique en bois sombre, des poignées en laiton. Je m'apprête à pousser, je regarde à travers les petites croisées de verre, les soldats de faction s'approchent. Ils sont deux qui ouvrent les vantaux, ils me font signe d'entrer et referment aussitôt derrière moi. Cette chaleur !

À gauche, une femme est assise derrière le guichet de la réception. Je lui tends ma convocation en la saluant. Elle n'a pas un regard pour moi, elle est occupée à vérifier si mon nom concorde avec une de ses listes. Elle porte une simple veste noire et un chemisier blanc, le cou nu, dégagé.

Je pense à Claudine avec qui je suis allé au cinéma plusieurs fois pour nous réchauffer ces derniers temps. Claudine disait que j'avais les mains froides. Mains froides, cœur chaud.

La réceptionniste a trouvé mon nom et le dossier correspondant : « Vous partez pour Ludwigshafen. — Comment vous dites ? — Ludwigshafen. C'est le train pour Metz, à deux cents kilomètres, après la frontière. — Quelle frontière ? — L'ancienne frontière, oui, pardon. » Elle me tend une feuille de papier et des coupons textile. Le formulaire est en deux parties, le bas de la feuille correspond à un bon de trois mille francs à retirer en mairie.

Je n'arrive pas à comprendre.

Je regarde le tampon qu'elle vient de mettre : Grand Hôtel, 2, rue Scribe. Tout cela est bien approximatif, je trouve. Les indications, le visa, le tampon... On me donne encore de l'argent, comme en juin 1940, à la poste, on me donnait des avances sur traitement. Je signe un reçu. Il fait bon ici, il fait chaud, je pensais ne pas avoir peur, mais j'ai le bas du dos trempé.

9

Noyautage

Je comprends un peu mieux, maintenant. Et je ne crâne pas, j'en ai des crampes à l'estomac. J'annonce la nouvelle aux copains, qui disent que ça va dérouiller. Ludwigshafen, je n'ai pas de chance, c'est l'industrie lourde, la chimie, l'armement. Je ne peux pas aller travailler pour l'ennemi, je préfère prendre le large, voilà ce que je leur dis. Chez Vermont, il y a les camarades ; il y a Jules Talbot, le mari de la concierge, Pierre Legrand, notre voisin de palier, on est six personnes autour du billard. Je leur parle de ma situation et de ma décision de disparaître dans la nature.

On se retrouve autour d'Albert Ouzoulias. Il chapeaute un groupe de jeunes camarades, pour la plupart fils de communistes, qui n'ont pas encore fait d'études supérieures et qui sont entrés dans la lutte armée dès l'été 1941 – on les appelle les Bataillons de la jeunesse.

Au mois de novembre 1941, sept d'entre eux ont été arrêtés par la police vichyste qui les a livrés aux autorités allemandes. Les sept ont comparu en février 1942 pour attentat et sabotage contre l'armée d'occupation. Tous ont été condamnés à mort et exécutés quelques jours après, au mont Valérien.

Cela nous a sacrément secoués. Les copains lancent l'idée comme si de rien n'était : « Avec les diplômes que tu as, Roger, ça ne sert à rien d'aller au casse-pipe, tu devrais plutôt entrer dans la police. » Je fais un bond. « Écoutez, les gars, vous plaisantez ou quoi ? Après tous les coups qu'on a reçus ? Mais j'aurais honte de me regarder dans la glace si je devais entrer dans la police. »

Je suis prêt à disparaître dans la nature, à devenir clandestin, je l'ai dit. Je voulais déjà partir en Angleterre, et maintenant, j'aimerais bien aider à récupérer du matériel et mobiliser des gars, je pourrais partir en Bretagne, par exemple. Albert Ouzoulias m'interrompt : « En ce moment, on essaie de noyauter l'administration. Et toi, non seulement tu as les diplômes, mais tu travailles déjà dans l'administration, ça ne devrait pas être trop compliqué de te faire entrer dans la police. » Je n'ai pas d'argument à lui opposer, je suis en train de me laisser convaincre. « Attendez, il faudra quand même l'annoncer à mon père... »

Je me fais escorter par deux camarades, nous grimpons les trois étages, j'ai l'impression que je vais me prendre la dérouillée du siècle. Mon père est rentré du travail, il est à table, en bras de chemise, il comprend tout de suite qu'il y a un pépin. Il se lève. Rita se met à aboyer. Je n'arriverai pas à lui annoncer : il va me démolir.

Un des copains me file un coup de coude, j'avance d'un pas et je dis à mon père que je ne peux pas aller en Allemagne... je ne peux pas travailler pour l'ennemi... j'ai été convoqué... je suis réfractaire... je suis traqué... je voulais devenir clandestin... je voulais partir et je...

Je n'arrive pas à lui dire. Jules essaie à son tour. Il fait des phrases compliquées, il parle par allusion. La chienne aboie, mon père n'entend rien, il se met en colère et demande à Jules de répéter. Alors, je dis haut et fort : « Papa, je vais entrer dans la police ! »

Mon père me tombe dessus, sans même chercher à comprendre. La fenêtre est ouverte, les voisins doivent se demander ce qui se passe. Il s'approche de moi en écartant Rita d'un coup de pied, elle continue de hurler, les copains se resserrent pour s'interposer, il m'agrippe par la veste, son visage à quelques centimètres, rouge, le regard noir : « Toi, tu vas passer par la fenêtre ! »

Les copains essaient de le calmer, ils lui expliquent l'avantage de la manœuvre. Cela consiste à tirer des renseignements et à les transmettre ensuite au groupe de résistance. Cela permet aussi à celui qui travaille dans une administration d'être un peu mieux protégé que s'il restait dans la nature et de se faire une situation : « Joss, ton fils,

Mon père, Joseph Belbéoch,
à la veille de son départ
pour l'Ukraine,
pendant la Première
Guerre mondiale.
Il servait dans la marine.
Il était breton, communiste,
athlète et redoutable combattant.

La FSGT, Fédération sportive et gymnique du travail, en 1936. Ma petite amie, Claudine Kaufmann, se tient debout au centre de l'image. Elle a été déportée avec toute sa famille dans le convoi n° 38 pour Auschwitz, fin septembre 1942. C'est le seul document qui me reste d'elle.

Printemps 1940.
Les deux inséparables, Popaul et moi, cyclistes émérites, en balade dans la grande banlieue est de Paris.

Pendant l'exode, en juin 1940, dans les environs de Bordeaux. On reconnaît Popaul à droite et Dédé le violoniste, avec sa moustache et ses lunettes.

Paris sous l'Occupation. La succursale et le Grand Hôtel sont annexés au service de la Kommandantur. C'est à cet endroit que je suis allé chercher mon ordre de départ pour Ludwigshafen.

PRÉFECTURE DE POLICE

ADMINISTRATION CENTRALE

CARTE DE SERVICE

N° 1.907

Monsieur Belbéoch, Roger

né le 26 juillet 1921 à Joinville-le-Pont (Seine)

employé auxiliaire

titulaire de la présente carte, est autorisé à entrer à la **Préfecture de Police** et à y circuler pour les besoins de son service.

Taille : 1m73. Paris, le 6 Janvier 1943.

Cheveux : ch. cl.

LE PRÉFET DE POLICE,
Pour le Préfet de Police,
Le Préfet, Directeur du Cabinet

Signature du titulaire :

Ma carte de service en janvier 1943.
J'étais alors un jeune employé aux écritures qui fabriquait des faux papiers, à peine remis du passage à tabac dans le Service des affaires juives.

Sur les toits de l'école de police technique, rue des Ursins.
Je suis au centre de l'image avec cinq autres inspecteurs reçus au concours.

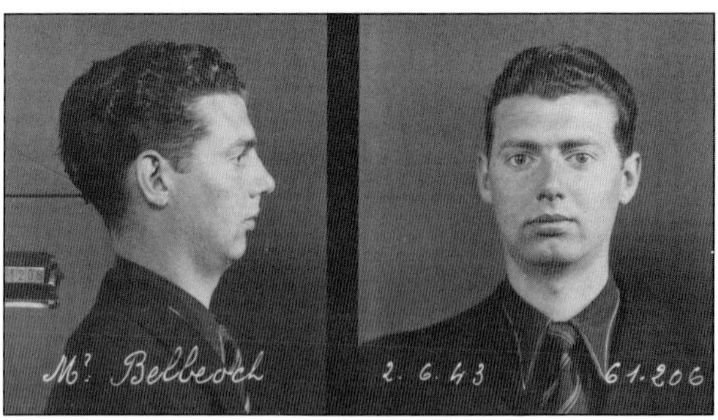

Cette photographie anthropométrique, réalisée à la Préfecture pour le bureau du personnel, pouvait tout aussi bien servir d'avis de recherche si mes activités de résistant venaient à être découvertes.

Une affiche imprimée et diffusée pour commémorer l'exécution des vingt-sept otages français: les martyrs de Châteaubriant.

La belle Rosa posant avec son mari, Joseph Mezou, et leurs deux enfants.
Elle refusait de porter l'étoile jaune. J'ai réussi à la délivrer du commissariat
et fourni les faux papiers qui ont permis à cette famille d'échapper à la déportation.

COMITÉ DE LIBÉRATION
de la Police Parisienne

Front National de la Police
Police et Patrie
Honneur de la Police

Ordre de grève générale
pour toute la Police Parisienne

La Gestapo vient de donner l'ordre de désarmer les policiers parisiens et de les interner.

A cette mesure de provocation tout le personnel de la Préfecture de Police actif et sédentaire devra cesser le travail dès Mardi matin, 15 Août, à 7 heures.

Ceux qui seront de service devront le cesser immédiatement.

Les policiers qui n'obéiraient pas au présent ordre de grève seront considérés comme des traîtres et des collaborateurs.

Sous aucun prétexte, nos camarades ne devront se laisser désarmer.

Pour l'ultime combat, tous en avant avec le peuple parisien

Front National de la Police
POLICE et PATRIE
Honneur de la Police

Été 1944, des grèves éclatent dans tous les secteurs. Un Front unique de la police est formé à la Préfecture. Il regroupe les différents réseaux de résistance et nous mène rapidement à décréter l'insurrection.

Cette photo de groupe a été prise à la Libération, chacun avec son brassard FFI. Albert Ouzoulias, le chef des Bataillons de jeunesse, porte un casque et des lunettes; à sa gauche se tient Pierre Georges, plus connu sous le nom de colonel Fabien.

Robert Deloche, grand résistant échappé des camps de prisonniers, maire de Joinville, chef des FFI dans notre secteur, face au général de Gaulle après la Libération.

Sur les marches du commissariat de Nogent, le 8 mai 1945. À droite, Jo, mon collègue résistant, porte une veste claire. En arrière-plan, chemise blanche et cravate rayée, j'ai du mal à sourire.

Les photos non créditées appartiennent à la collection privée de l'auteur.

En 1946, nous inaugurons la rue Joseph-Belbéoch à Saint-Maurice. Mon père est mort en héros le jour de la Libération. Je suis assis, j'écoute le discours et je réfléchis à tout ce que nous avons vécu pendant la guerre.

sinon, il part en Allemagne. » Mon père se rassoit, il commence à saisir l'intérêt de la manœuvre, le risque, aussi. Il fronce les sourcils et me demande de fermer la fenêtre.

Je dois envoyer une lettre de candidature à la Préfecture de police sans tarder. Mon père se lève de table, s'approche de moi pour me donner son accord, avec une seule condition : « Je t'interdis de porter l'uniforme ici. » Rita aboie de plus belle.

*

* *

Un après-midi d'avril 1942, je suis dans ma chambre en train de bricoler ma bicyclette, quand on frappe à la porte. Qui ça peut bien être ? Inspecteur de police. J'ouvre. Il me dit qu'il ne faut pas avoir l'air inquiet comme ça, l'entretien ne va pas durer longtemps. Il me pose des questions simples, banales ; la profession de mes parents, mon niveau d'études, mes activités aux PTT, il regarde par la fenêtre en même temps qu'il prend des notes, et il s'en va.

Une semaine après – ça n'a pas traîné –, je reçois ma convocation pour la Préfecture. Le temps d'aller à Saint-Lazare, je demande à être reçu par l'inspecteur des postes et lui annonce que je suis admis à la police judiciaire. Je suis trop content de quitter cette galère, je viens lui faire mes adieux. Il prend son air pincé : « Monsieur Belbéoch, on n'agit pas comme ça dans l'administration. Il faut passer par la voie hiérarchique pour les procédures de reclassement. » Je laisse causer ce pauvre homme, s'il a une réclamation à faire, il pourra toujours venir me voir au commissariat !

Au 36, quai des Orfèvres. « Qu'est-ce que vous foutez là ? » me demande le policier de faction quand il me voit hésiter dans le hall. Je me présente, j'ai rendez-vous au bureau administratif. Il me dit de passer par la cour. Les bureaux du personnel se trouvent à droite, ils sont voûtés, mal fichus, sombres. Un gars en bras de chemise, on ne dirait pas un flic, m'accueille, plutôt jovial, souriant, il me dit de le suivre, de ne pas avoir peur. Il me raconte que le bâtiment dépendait de la Conciergerie. « C'est de l'ancien, pas du tout adapté à l'administration. Même les Allemands sont surpris... Nous avons de très bons résultats pour des gens qui travaillent dans des conditions pareilles. » Nous sommes dans les bureaux administratifs de la police judiciaire, c'est un gros service. Il me fait asseoir.

« Vous avez de la chance, généralement, on débute à la brigade de répression. » Il m'explique en quoi va consister mon travail : je suis affecté aux écritures dans le commissariat du XIIe, quartier Bel-Air. Tenue des registres, répartition du courrier, ça ne devrait pas poser de problème, à l'occasion, je pourrai donner un coup de main aux inspecteurs. Bien. Pour les formalités à accomplir, il me tend un premier document : « Je certifie sur l'honneur ne pas être juif... »

J'avais pourtant toujours soigneusement évité de signer ce papier. D'abord, parce que je trouve son contenu infâme. Ensuite, j'ai du mal à placer mon honneur dans des formulaires administratifs. Mais, là, je suis obligé, je signe.

L'inspecteur me tend un second papier : je dois certifier, toujours sur l'honneur, n'appartenir à aucune société secrète et ne jamais y appartenir au cas où elle viendrait à se reconstituer... Je signe. « Bien », me dit l'inspecteur, et il m'invite à me retirer. Je me lève, un peu surpris de la rapidité avec laquelle je viens d'être embauché. Je m'attendais au moins à ce qu'on me donne un revolver.

10

Quartier Bel-Air

Dans le XIIe arrondissement de Paris, près de la place de la Nation, rue du Rendez-vous, au fond d'un immeuble ancien, les gardiens de la paix occupent le rez-de-chaussée ; le commissariat est au premier. Une grande salle regroupe les services de la police judiciaire active. Derrière la petite cloison en bois sont installés trois inspecteurs ; Balthazar, Bruchon et Defrançais. On m'indique ma place : « Mettez-vous contre le bat-flanc, là », on me donne du papier, de l'encre et des tampons. J'ai pour tâche d'établir les pièces officielles et de certifier les duplicatas. Je dois aussi dépouiller le courrier et le répartir dans les services. Il y a deux autres bureaux ici, celui du secrétaire du commissaire et celui de la brigade volante.

Les présentations sont rapides ; le secrétaire s'appelle M. Girod, il a l'air sympathique, pas prétentieux. L'inspecteur se nomme Choné, il enquête sur des cambriolages ou des affaires qui ne sont pas uniquement liées au quartier. Il est petit, un peu voûté, il porte un feutre marron, toujours un mégot vissé au coin des lèvres, une dégaine ! Un type marrant, quoi !

Balthazar est proallemand – pour lui, la Wehrmacht représente l'ordre et la propreté : « Avec les Allemands, au moins, il y a de la discipline. » Bruchon est brave, pas virulent, il compte les points quand Balthazar et Defrançais surenchérissent. Ce dernier, avec ses cheveux blancs en brosse, est un pétainiste convaincu. Il a toujours un commentaire sur tout et un accent du Sud qu'il revendique haut et fort : « Je suis de Gonfaron, le pays où les ânes volent ! »

Balthazar me confie un registre, il m'explique que je dois le tenir à jour et signaler le nom des personnes qui ne viennent pas pointer. Sur la page de garde, il est écrit : *Juifs astreints à résidence surveillée*. Je demande ce que ça veut dire exactement. Girod me répond qu'il s'agit d'un contrôle systématique de tous les Juifs étrangers qui habitent dans l'arrondissement. Tous ceux qui sont âgés de plus de quinze ans ont l'interdiction de voyager ou de changer de lieu de résidence, sauf déclaration spéciale. Cela ne me plaît pas, mais je ne laisse rien paraître. Je me mets au travail, ouvre le courrier, commence à lire les lettres. Mon estomac se noue.

J'ai beau essayer de me maîtriser, je suis désolé, mais je crois que je ne vais pas pouvoir rester longtemps ici. Mon indignation augmente quand j'entends mes nouveaux collègues débiter leur salade, quand je lis ces courriers qui sont pour la plupart des lettres de dénonciation dans lesquelles les gens écrivent qu'ils souhaitent récupérer la boutique ou l'appartement loués à des familles juives ou communistes, ils signalent une femme adultère, ils veulent « rendre service » à l'État français... Alors si, en plus, il faut avertir les inspecteurs quand un Juif n'a pas signé le registre, je crois que je préfère jeter l'éponge tout de suite.

Le soir même, je retrouve les copains Chez Vermont. Je leur dis que c'est bien joli de m'avoir fait entrer dans la police, mais comment je me débrouille, moi, avec ce qui me tombe dessus ? Dénoncer, je ne peux pas.

Mon voisin Jules m'explique que, justement, il faut réagir. Je dois utiliser ma position dans l'administration pour aider les gens, leur éviter une arrestation, les prévenir... c'est le principe même du noyautage. Je lui rappelle que je ne suis pas inspecteur, que je n'ai pas vraiment de responsabilités, je suis employé aux écritures, ça fait une grosse différence.

Au fil de la discussion, nous mettons au point une méthode : nous allons trouver une solution simple pour prévenir les familles juives qui habitent le quartier et qui sont inscrites sur le registre, leur dire que si elles le souhaitent elles ont la possibilité de partir de Paris. Je leur donnerai un délai de quinze jours, pendant ce temps j'émargerai à leur place.

Dès le lendemain, la colère et l'indignation ont disparu face à mes collègues. Je sais maintenant pourquoi je suis là. J'ai une mission à accomplir. À bien y réfléchir, j'ai même un poste stratégique. On m'a confié des formulaires officiels, des tampons, il ne m'en faut pas plus pour le moment. Je vais étudier la meilleure manière de m'en servir.

Je discute avec le secrétaire du commissaire, qui est licencié en droit et a une autonomie de travail ; il m'explique bien les rouages de l'administration, les procédures, la hiérarchie...

Sous prétexte de me familiariser avec les affaires du bureau, je consulte les mains courantes et tous les dossiers d'enquête. Je lis le courrier, le cas échéant, je subtilise des lettres de dénonciation.

Mes collègues continuent de se gargariser entre eux, et je découvre une forme peu ragoûtante de l'esprit policier qui consiste à attendre les ordres et à les commenter ; je laisse dire. Le midi, je mange mon casse-croûte tout seul au bureau.

Un jour, entendant quelqu'un monter, je range en catastrophe les dossiers que j'étais en train de consulter. C'est l'inspecteur Choné. Je bredouille une phrase ou deux. Je ne sais pas pourquoi, je lui demande ce qu'il pense du registre des Juifs astreints à résidence.

Choné sourit – il a dû se rendre compte de ma gêne –, il s'approche de moi avec son mégot éteint qu'il cherche à rallumer.

« Je vais te donner deux conseils, mon petit. Deux conseils qui te seront très utiles à l'avenir. D'abord, quand tu as envie de faire quelque chose, tu agis seul. Tu veux savoir pourquoi ? Quand tu agis seul, tu ne mouilles personne, c'est compris ? Et puis tu risques moins d'être dénoncé. Tu dois toujours te débrouiller pour te protéger et pour protéger ton entourage, c'est impératif.

« Deuxième conseil, tu ne gardes rien sur toi. Tu fais travailler ta mémoire. Tu ne conserves sur toi aucun nom, aucune adresse, tu ne gardes aucun papier, tu fais marcher ta tête. Tu ne laisses jamais rien traîner, ton bureau doit être propre et la corbeille vide, d'accord ? »

Il est formidable, ce type, il me donne des conseils, sans trahir quoi que ce soit de son implication ou non dans la Résistance.

11

Faux papiers

Quelques jours plus tard, je reçois un troisième conseil de Choné : « Fais attention où tu mets les pieds, mon garçon. » Il voit bien que je reste souvent en bas de l'immeuble du commissariat à discuter avec une jeune femme, Georgette. Elle habite rue du Rendez-Vous, c'est une jolie dame, bien de sa personne. Je lui ai dit une fois qu'elle avait de beaux yeux. « Méfie-toi, mon garçon, elle est en ménage avec un tenancier de café du quartier. Un vrai repaire de voyous. » J'ai répondu à Choné que ce n'était pas le café qui m'intéressait.

A priori, je pourrais me méfier de beaucoup de monde, ici, par exemple, de ce petit gars avec un long manteau comme ceux de la Gestapo, des cheveux blonds calamistrés, l'air efféminé ; le coursier de Pradot-Maurin. Il vient régulièrement à l'étage pour faire tamponner les certificats de travail de son entreprise. Un jour, il me demande mon âge. Lui a dix-neuf ans et il craint d'être envoyé comme travailleur en Allemagne. Il a peur d'être dénoncé.

J'ai beau garder mes distances, je comprends bien son inquiétude. On est beaucoup de jeunes à ressentir la même angoisse. C'est difficile de ne pas pouvoir faire confiance aux autres, ce n'est pas normal.

Le nombre de lettres de dénonciation qui arrivent au commissariat, et leur contenu, on ne peut même pas imaginer ! J'en suis écœuré. Il faut voir les tournures de phrases dans les courriers qu'on reçoit. C'est chiadé, ils n'oublient aucun détail. Les dénonciateurs ne sont pas seulement consciencieux, ils font la morale. Ils sont en train de commettre l'acte le plus lâche qui soit, en plus, ils font la morale. De vrais donneurs de leçons. Ils écrivent à la lueur de la bougie, ils prennent leur plus belle plume, s'appliquent, la propagande fonctionne, le maréchal va être content... C'est pitoyable.

Quand j'étais aux rebuts, à la poste, je lisais des courriers égarés et ça me filait le bourdon. Maintenant, je lis des histoires qui me font serrer les dents. Je me rends compte que le combat n'est pas gagné. Loin de là.

Le soir, j'en parle aux copains, ils me disent que si je reçois plusieurs lettres provenant du même immeuble ou plusieurs courriers dénonçant la même personne je dois prendre les devants et essayer de la prévenir du danger.

*
*   *

« Il n'y aurait pas des réunions, par hasard, là, dans votre immeuble, des communistes ou bien des Juifs ? Parce que si, d'ici à la semaine prochaine, ils avaient déguerpi, ça serait mieux. Ils pourraient aller dormir ailleurs... Vous comprenez, ça éviterait des problèmes. C'est toujours mauvais, les fouilles et les perquisitions, vous voyez ce que je veux dire... »

Cela suffit à déclencher une petite rumeur dans l'immeuble et à avertir les personnes en danger. J'agis la plupart du temps suite à des dénonciations et avant même qu'une procédure soit engagée. Je donne l'impression de vouloir prévenir les habitants mais pas de les couvrir. Je leur dis que c'est juste pour éviter le grabuge, et c'est plutôt efficace. Les concierges me racontent ensuite qu'un des locataires a fui et qu'il n'y a pas eu de perquisition. Tout le monde est content.

Les concierges sont des informatrices hors pair ; qu'elles soient bienveillantes ou non, il est important de se mettre bien avec elles, tous les inspecteurs le disent, c'est une bonne manière de connaître le secteur, d'avoir des tuyaux, d'autant que la Gestapo aurait plutôt tendance à nous court-circuiter.

Pour les « astreints à résidence », la méthode que nous avons élaborée avec mes camarades du groupe fonctionne : la plupart des Juifs étrangers saisissent leur chance. Je signe à leur place pendant qu'ils se cachent et qu'ils essaient de franchir la ligne de démarcation avec l'aide de passeurs. S'il leur manque des documents, j'essaie de les aider et de leur en fournir.

Je commence à faire des faux papiers ; certains gardiens d'immeuble me procurent des certificats de domicile en blanc que je tamponne au bureau. Je fais aussi des duplicatas en utilisant les noms que me transmet le groupe de résistance. Je tamponne des fausses cartes d'identité, mais le résultat est médiocre, on voit bien que ce sont des faux papiers. Pour un policier français, c'est visible. Je ne préfère pas insister.

J'essaie plutôt de trouver des moyens de compléter les dossiers de réfugiés ou de personnes en fuite avec de vrais documents. Je multiplie les contacts avec les gardiens d'immeuble. Je fais des heures supplémentaires !

Je rentre moins souvent le soir à Saint-Maurice, il m'arrive d'être hébergé chez Popaul, rue de la Cerisaie.

Le garçon de course de chez Pradot-Maurin a l'air correct. Pourquoi ne pas tenter une expérience ? Je lui demande de me rendre un petit service et de m'apporter un certificat de travail en blanc. Il a un accès libre aux bureaux, il me remet le document sans poser de question. La semaine suivante, je lui dis de me fournir les mêmes formulaires toujours en blanc, mais avec le cachet du service du personnel. Et aussi du papier à en-tête. Je transmets le tout à notre groupe, ils sont satisfaits du résultat.

Reste quand même à régler le problème des fausses cartes d'identité. Elles ne sont pas d'assez bonne qualité, ça sent trop l'amateurisme et la pénurie de papier, c'est évident, on va se faire pincer à un moment ou à un autre. C'est trop dangereux : non seulement les gens vont se faire arrêter, mais la filière risque d'être remontée jusqu'ici. Il faut éviter tout recoupement avec le commissariat, ou alors établir directement de vraies cartes, de vraies fausses cartes.

12

Les rafles

« Tu sais, il y a des cartes d'identité qui circulent en ce moment... » J'ai d'abord cru que Georgette était au courant de notre trafic, mais elle parlait du café où elle travaille. Le patron, son ami, a récupéré un lot de cartes vierges et des bons d'essence en provenance de la Préfecture qu'il stocke dans l'arrière-boutique. Je ne peux pas me retenir, je dis tout de suite à Georgette que je suis intéressé. En fin d'après-midi, je passe la voir et elle me confie une cinquantaine de cartes, soigneusement ficelées dans une feuille de journal, de vraies cartes, du beau travail.

Je rencontre, par le biais du groupe de résistance, le docteur Blumenfeld : un sacré gars, la quarantaine, élégant, qui poursuit son activité de médecin clandestinement. J'apprends qu'il va se planquer le soir chez des amis près de Fontainebleau et que chaque matin il revient à Paris en évitant les contrôles pour soigner les malades. C'est quelqu'un de culotté et surtout de très actif.

Je lui demande de me fournir des certificats de santé. J'ai bientôt en ma possession les cartes, les certificats et les attestations. L'évacuation des « astreints à résidence » peut continuer, des Juifs, étrangers pour la plupart, quittent « officiellement » Paris et passent la ligne de démarcation.

Nous leur fabriquons des papiers de « bons Français » sur lesquels le tampon « Juif » n'apparaît pas et nous leur demandons de découdre leur étoile. Nous leur conseillons de parler le moins possible pour ne pas éveiller les soupçons et de cacher autant que possible leur accent, la plupart d'entre eux venant d'Europe centrale.

J'ai de la chance car les inspecteurs de mon commissariat partent souvent pour des enquêtes et ils ne se rendent pas compte qu'il y a de moins en moins de personnes qui viennent émarger au sombre registre. Balthazar ne fait aucune remarque, il doit penser que j'accomplis bien mon travail. Il n'a pas tort. Nous sommes en guerre, et je fais mon devoir. C'est la conviction que j'ai, en tout cas. La peur au ventre, mais aussi la certitude que je fais mon devoir.

Parce que nous sommes tous au courant de choses atroces qui sont en train de se passer en France et en Allemagne. Des centaines de milliers de personnes croupissent un peu partout, en prison, dans des camps. On est au courant de ce que ça veut dire, la Collaboration, les dénonciations, l'exécution des otages, la déportation, les camps pour les Juifs, pour les communistes, pour les gitans, tout le monde sait que ça existe, que des gens sont en train de mourir. Le nombre de victimes et de prisonniers augmente, il faut agir contre cela.

Libération-Sud, le réseau d'opposition au régime de Vichy qui mène principalement des actions politiques et de la contre-propagande, est en train d'organiser un service d'action militaire et un service d'action sociale. Fin juin 1942, un de ses dirigeants que je connaissais, Lemoine, vient me voir : « Dis donc, j'ai un gars de mon réseau, il vient de zone libre et il n'a pas de papiers. Il a dix-sept ans, il est juif. Tu peux faire quelque chose ? » Je lui demande de repasser dans trois jours à la même heure.

Un collègue à lui se pointe, un gars que j'ai déjà vu en réunion, il est à l'heure au rendez-vous, accompagné du jeune homme en question. Je leur précise que c'est, en principe, la chose à éviter. Il ne faut pas plus d'une personne pour récupérer des papiers, et c'est encore mieux si c'est la même qui a déposé la demande, cela évite de multiplier les intermédiaires. Je râle un peu. Lemoine n'a pas pu venir, ils me répondent, et le jeune gars ne peut pas attendre pour agir. Il a apporté sa photo, un faux nom : Martial Point. J'accepte de faire les papiers, ils repartent avec une vraie fausse carte d'identité.

En juillet 1942, il y a de l'effervescence dans tous les commissariats de Paris. Les policiers du rez-de-chaussée discutent entre eux, Balthazar et Defrançais sont dans leurs petits souliers. Une opération d'envergure va bientôt avoir lieu. « Ça sent mauvais », me dit Choné en revenant du quai des Orfèvres. Beaucoup d'inspecteurs et de gendarmes sont mobilisés, la date d'intervention est repoussée par deux fois. La tension monte. On parle d'une immense descente, mais c'est tout ce que je réussis à savoir. Le secret de l'opération « Vent printanier » est bien gardé.

Je passe mes soirées chez Popaul, rue de la Cerisaie. Rien n'est prévu pour la fête nationale. Popaul a des ennuis au travail, l'inspecteur lui a collé un avertissement parce qu'il a récupéré un hareng fumé dans un colis éventré. C'est vraiment la misère.

Je lui raconte que je vais sûrement prendre du galon : le secrétaire du commissaire a une amie proche du directeur de la police judiciaire, M. Tanguy. Ils ont des vues sur moi, la femme aimerait bien marier sa fille et le secrétaire pense que je suis un bon élément ; ils sont en train d'arranger un rendez-vous avec M. Tanguy pour donner un coup d'accélérateur à ma carrière. Popaul se moque de moi, il dit que je suis un arriviste, je le rassure : cette fille ne me plaît pas du tout !

Le rendez-vous à la Préfecture avec M. Tanguy m'impressionne pas mal : je suis juste un employé aux écritures, lui est chef de la police. Il me fait asseoir dans un fauteuil et commence à me poser des questions, il est aimable, plein de bienveillance à mon égard, il relance la conversation. Je ne suis pas très à l'aise. Il me demande : « Et vous comptez rester dans la police ? » Je pense bien, oui ! Je ne vais pas dire autre chose. « Vous savez, il faut travailler, mon petit. Vous allez étudier le droit et vous allez passer les concours. » Je le remercie. « Vous me plaisez bien, il faut vous montrer à la hauteur. »

Le 16 juillet, en arrivant au bureau, j'apprends que la grande rafle a eu lieu. Les Juifs arrêtés – ils sont plusieurs milliers – ont été conduits au Vél' d'Hiv', rue Nélaton, dans le XVe arrondissement. J'ai du mal à avoir plus de renseignements. Les journaux ne diffusent aucune information à ce sujet. Defrançais, qui, d'habitude, la ramène, est bien silencieux. Personne ne se vante, au commissariat, l'ambiance est pesante.

Les arrestations, ordonnées par les Allemands mais exécutées par la police française, continuent pendant deux jours encore et s'étendent à la banlieue. Les familles arrêtées sont déplacées au fur et à mesure vers le camp de Drancy. Des rumeurs effrayantes circulent sur ce qui est en train de se passer au Vél' d'Hiv. On dit que c'est la panique, les gens détenus sont entassés dans des conditions d'hygiène épouvantables, il y a des enfants et des vieillards qui agonisent, pas d'eau, pas de nourriture, des accès de folie, des suicides. Et malheureusement ce ne sont pas des rumeurs, cela se passe au cœur de Paris, à côté de la tour Eiffel.

Quand je parle de ces événements au café, avec les habitants du quartier ou avec les concierges, je me rends compte à quel point l'antisémitisme est présent. La propagande de Vichy a été terriblement efficace ; il a suffi d'instaurer le port de l'étoile jaune pour attiser la haine et le mépris. Les commentaires sur la rafle font froid dans le dos ; les « bons Français » n'ont qu'une seule hâte, ils veulent que les Juifs rassemblés par la police quittent la capitale, vite fait, bien fait, avant que tout cet entassement de misère propage des épidémies.

En fin de semaine, je vais voir mon père à Saint-Maurice. Il n'a pas l'air dans son assiette. Je lui demande ce qui ne va pas, et c'est là qu'il m'annonce ce qui est arrivé aux Kaufmann : il a proposé aux époux d'héberger Claudine dans ma chambre, mais le père n'a rien voulu entendre...

Je l'écoute à peine et je cours chez eux – ils habitent à deux cents mètres. Il n'y a personne. Je vais voir des anciens camarades d'école qui logent dans le même immeuble. Ils m'ouvrent, l'air embêté. Ils ont été témoins de l'arrestation ; ils voient que j'ai du mal à me contrôler – j'insiste pour qu'ils parlent. Ils me racontent comment ça s'est passé : Mme Kaufmann était seule chez elle, quatre policiers français sont arrivés et l'ont arrêtée, ils l'ont fait descendre, sans valise, sans affaires, et elle a dû attendre dans la voiture.

Ils ont interrogé les locataires de l'immeuble pour avoir plus de renseignements sur elle et sa famille et ont réussi à apprendre que le père était vendeur dans une chapellerie. Ils sont allés cueillir M. Kaufmann pont de Charenton. Ça aurait pu s'arrêter là.

On n'en demandait pas tant à ces policiers français, mais ils ont poussé le zèle jusqu'au bout. Ils ont téléphoné à Maisons-Alfort pour faire arrêter par des policiers Claudine sur son lieu de travail, la biscuiterie, chez Gondolo. La famille Kaufmann au complet a été transférée à Drancy, le camp d'internement de la région parisienne établi pour les Juifs avant leur « transfert » vers l'est. Je ne pouvais plus rien faire.

J'avais du mal à accuser le choc. Je balbutiai : « Pourquoi vous n'avez pas cherché à me prévenir ? »

C'étaient des copains, c'étaient quand même des vieilles connaissances, ces gens-là, on était à l'école tous ensemble avec Claudine... Je sentais des sanglots monter en moi. J'ai seulement répété : « Si vous me l'aviez dit, j'aurais pu faire quelque chose... » Ensuite, je ne leur ai plus adressé un mot.

Ils me regardaient, tétanisés : « On a eu peur des représailles. »

Troisième partie

LE NOYAUTAGE DE LA POLICE

13

La répression

« Est-ce que vous avez un employé du nom de Belbéoch ? » J'ai décroché le téléphone et on m'a posé cette question, alors j'ai répondu : « Bien sûr, il travaille comme employé aux écritures, ici, au commissariat, c'est à quel sujet ? — Donnez-nous des informations sur lui. — Oh, c'est un gars très bien ! Il est ponctuel, consciencieux, il s'est vite intégré, pas de problème. » Je me disais que c'était peut-être le secrétariat de M. Tanguy qui venait aux renseignements ; le chef de la police allait accélérer mon avancement.

Le lendemain, 6 septembre, alors que je suis seul de permanence, deux types en civil arrivent dans le bureau. Ils disent appartenir à la brigade spéciale des affaires juives. « Belbéoch, c'est toi ? — Oui. — On va devoir t'interroger. » Ils me passent les menottes, me font sortir et monter dans leur voiture. Pendant le trajet, je pose des questions, ils ne répondent pas ou disent : « Tu verras bien assez vite. » J'ai des suées – non seulement j'ai le dos trempé, mais les mains, le front, la nuque. J'ai l'impression de me liquéfier sur la banquette. Ça sent le gaz. Je repense au registre noir sur lequel est inscrit « Juifs étrangers astreints à résidence », j'essaie de me remémorer les noms. Il faut que j'arrive à trouver où j'aurais pu commettre une erreur. L'odeur du gazogène me prend les narines. Ça se bouscule dans ma tête. Brigade spéciale des affaires juives... Préfecture de police... Je repense aux cartes d'identité que j'ai délivrées, je pense à Claudine et à ses parents.

Nous arrivons au 36, quai des Orfèvres, entrons dans la cour avec la voiture, descendons de voiture. Cette fois, on va à gauche, dans les étages. Une grande pièce. Je me trouve au cinquième étage, service spécial des affaires juives, créé au sein de la Direction de la police judiciaire de la Préfecture de police, avec, à sa tête, le commissaire divisionnaire Charles Permilleux. Le premier inspecteur m'enlève les menottes tandis que le second me dit de m'asseoir. Il y a quelques chaises, une table en bois, deux portes, les volets sont à moitié fermés.

Parfois un type passe, qui ne m'adresse pas la parole. J'entends des bruits à côté, des conversations, des cris étouffés, des coups... L'angoisse monte, ça dure des heures. Je repense à une discussion que j'ai eue avec le secrétaire Girod il y a quelques jours. « Les voyous, c'est pas compliqué, ils se croient malins, ils ont toujours des excuses, mais ils sont bêtes comme des cochons. Il suffit de les confronter entre eux pour qu'ils se contredisent.

« Si un jour on t'interroge, je te le souhaite pas, mais on ne sait jamais, si un jour ça t'arrive, tu nies. Même l'évidence, tu nies. »

Je sens que je suis en train de paniquer, alors je me répète en boucle que je n'ai jamais fait de faux papiers, jamais aidé aucun Juif à fuir. Je me le rentre dans le crâne : je n'ai jamais fait de faux papiers, je n'ai jamais fait partie de la Résistance, je n'ai jamais aidé quiconque à fuir, je n'ai jamais fait de faux papiers. Je n'ai fait que mon devoir.

Le type de tout à l'heure entre. J'ai réussi à me calmer un peu, je suis en train de lire un journal qui était posé sur la table. Il me l'arrache des mains : « Pas le droit de lire, ici », et ressort par l'autre porte. Quelques minutes plus tard, un homme imposant arrive en ricanant. « Dis donc, Belbéoch, t'as gagné le cocotier ! » C'est le commissaire divisionnaire Permilleux. Je ne comprends rien à ce qu'il raconte : « T'as tiré le gros lot, là ! On a des témoins. On a des preuves. T'as gagné le cocotier ! » Je dois les suivre. Je passe à côté, ils sont quatre dans la pièce. Il y a un gamin à terre, recroquevillé. Les inspecteurs me demandent si je connais un certain Martial Point. Je réponds que non.

« Martial Point ici présent nous a déclaré que tu lui avais fourni de faux papiers. Est-ce que tu reconnais les faits qui te sont reprochés ? » L'un des inspecteurs pousse le garçon d'un coup de pied. Alors là, je pars dans une colère : « Vous voulez que je reconnaisse qui ? un gars défiguré ? Vous vous moquez de moi ? Vous devriez avoir honte, on ne traite pas les gens comme ça. C'est un jeune, en plus, un gamin. — Arrête ton cirque, Belbéoch. » C'est vrai, on dirait un enfant, ce petit gars complètement prostré, son visage est tuméfié, le sang coule de son nez et de sa bouche, on ne voit plus ses yeux. Il est incapable de faire un mouvement, il respire à peine. Je sens la rage monter en moi. Reconnaître quoi ? Un cadavre ? « Vous, des Français, vous faites des choses pareilles, mais vous êtes des dégueulasses, vous êtes des enfoirés, vous êtes pires que les boches ! » Je me prends une mandale dans le bas du ventre et un gros coup sur la tête, je perds connaissance.

Deux inspecteurs me descendent au dépôt. En temps normal, on établit une sorte de reçu avec le nom, le service et la signature des agents que l'on remet au préposé. Les informations sont ensuite reportées dans un registre, mais, ici, non. Rien. Aucune trace.

Le dépôt se trouve dans les caves de la Préfecture. C'est sombre, il n'y a pas de fenêtres, ça pue. Toutes sortes de gens sont parqués là avant d'être écroués ou relâchés, des voyous, des braves gens, des mères avec leur bébé, des prostituées... Je me retiens de parler à quiconque. Je pourrais dire : tiens, si vous sortez, prévenez mon père, ou quelqu'un, mais je n'ai aucune confiance, je ne dis rien à personne. Je suis obnubilé par la phrase de Choné : « Tu nies, même l'évidence. » Je suis en train de m'en convaincre ; je n'ai pas fait de cartes d'identité, je n'ai pas de contacts dans la Résistance, je n'ai fait que mon devoir.

Six jours passent ainsi. Ils arrivent le matin pour me chercher. Ils veulent m'avoir à l'usure. Ils me disent de m'asseoir, ils retirent la chaise, ils m'obligent à me relever, à me rasseoir... « Tu es un noyauteur de policiers. Tu es dans la Résistance. Il faut que tu nous donnes des renseignements, sinon, tu repars à côté. » Je leur dis que je suis arrivé il y a peu de temps dans la police, je crois que je travaille avec beaucoup de conscience professionnelle, je ne vois absolument pas ce qu'on me reproche. Et, là, je me prends des coups, soit à la tête, soit dans les côtes. Quand je me mets à pleurer, leurs violences redoublent, ou bien l'équipe change. On me dit d'aller me laver la tête aux chiottes. Et on repart pour un nouvel interrogatoire : le nom des personnes que je côtoie, le nom de mes collègues impliqués dans la Résistance, le nom des camarades, mes amis juifs, mes amis communistes... Je réponds systématiquement qu'ils font erreur.

Arrive un moment où je n'ai plus de force, je pense simplement tais-toi, tais-toi, tais-toi. Quand on est dans cet état-là, il n'y a plus rien à tirer ; les types le voient. Alors ils s'énervent encore plus, et tu sers de défouloir. Puis ils te laissent patauger dans ton sang. J'ai affreusement mal au crâne. Des idées noires m'envahissent, des pensées sombres, désespérées... des mauvais souvenirs... Je voudrais qu'on me laisse tranquille. Je repense aux mises en bière auxquelles j'assistais à l'hôpital Trousseau, quand les inspecteurs m'envoyaient là-bas pour mettre le cachet de cire. Les petits cadavres recroquevillés. L'hôpital des Enfants-Malades. L'état dans lequel ils ont mis ce garçon me fait mal au cœur.

Un après-midi, alors que je suis dans la cage en train d'attendre le prochain interrogatoire, je vois un gardien de la paix qui se promène dans les couloirs. C'est René Margueritte, un camarade, un ami proche de mon père. Je le siffle.

« Je suis marron », je lui dis. il répond : « Ils t'ont bien arrangé, en tout cas ! » On me cherche partout depuis bientôt une semaine. Tout le monde est inquiet, on ne savait pas par quelle brigade j'avais été emmené. Il faut absolument me sortir de là, je lui demande de prévenir Robert Deloche.

Un inspecteur arrive et commence à engueuler Margueritte. Il lui dit de déguerpir tout de suite s'il ne veut pas se retrouver à ma place. Margueritte ne demande pas son reste, il file.

14

Convalescence

Je pensais qu'on me ramenait au dépôt, mais non. Je n'avais plus de menottes, j'étais sous le porche du 36, quai des Orfèvres, relâché en plein jour, avec des douleurs infernales à la tête et dans tout le corps, incapable d'affronter le soleil ni la rue.

Le docteur Blumenfeld me prend par l'épaule – je ne m'attendais pas à le voir ici –, il pose la main sur mon front. Je tremble. Il m'attendait avec Lemoine et deux autres résistants. Ils me conduisent à la clinique de Saint-Mandé pour m'ausculter, puis à l'hôpital Saint-Antoine pour les soins.

Le diagnostic est sans appel ; traumatisme crânien, fractures costales, fracture du coccyx, multiples contusions, ecchymoses et brûlures.

On laisse passer quelques jours, et, quand mon visage a un peu désenflé, je vais au commissariat Bel-Air pour discuter avec le secrétaire Girod. Rien n'a filtré. Les gars ont vaguement cherché à savoir ce qui m'était arrivé, mais aucune enquête officielle n'a été menée. La police des polices n'est pas intervenue, mon dossier n'a pas été transmis aux autorités allemandes, bref, il ne s'est rien passé.

« Si tu veux rester dans la police, il faut passer les concours. » Voilà que Girod me tutoie ! Il a les mêmes paroles d'encouragement que M. Tanguy. Il m'explique les programmes limitatifs du concours interne, le droit pénal, le droit criminel. Il m'encourage, mais je crois surtout qu'il essaie de me rassurer, il me regarde avec sympathie et me tape sur l'épaule avec chaleur. Je suis encore sonné par tout ce qui m'est arrivé, je continue d'avoir des vertiges, de grosses crises d'angoisse. Je lui dis que j'ai besoin de prendre l'air. Pas de problème, il m'incite à me mettre au vert. Je reviendrai quand j'irai mieux.

Mon père tient à peu près le même discours. Il a d'abord été fou de colère en apprenant ce qui m'était arrivé, mais Robert Deloche a réussi à le convaincre de l'intérêt pour moi de passer le concours d'inspecteur. Il faut penser à l'avenir. Il voudrait me protéger, il est aussi persuadé que je serai utile au noyautage de l'administration.

Nous apprenons que la famille Kaufmann a été déportée en Pologne à la fin du mois de septembre. Depuis, on n'a plus de nouvelles.

Je suis totalement abattu. Mon père me dit

d'aller me reposer ; demain, nous partons en Bretagne.

Quelques bains de mer, du bon air, faire du vélo, revoir les cousins, étudier, manger du poisson... Cela ne pourra me faire que du bien. Avant d'aller à la gare d'Orsay, nous faisons un petit détour par le boulevard Saint-Michel, où j'achète le Foignet, un manuel de droit, et des fiches bristol.

Le train pour Quimper est bondé. Nous trouvons une place dans un compartiment. Un militaire allemand ordonne à un voyageur de lui laisser sa place près de la fenêtre. Une fois le train parti, il cherche à engager la conversation. Nous sommes plutôt méfiants, d'autant que les officiers voyagent en principe dans des voitures qui leur sont réservées. Mais lui est francophone, loquace et prosélyte ; il nous vante les mérites du national-socialisme et prédit la victoire prochaine de l'Allemagne en Europe. Il nous agace prodigieusement.

Le voyage se prolongeant, la conversation se tarit d'elle-même. Nous traversons Lorient, qui n'est que ruines.

*

*   *

À notre grande surprise, un comité d'accueil « musclé » nous reçoit à notre arrivée à Quimper. L'atmosphère est électrique, les gendarmes et les soldats allemands patrouillent dans la gare, baïonnette au poing, formant un cordon de sécurité. Un cheminot explique en breton à mon père qu'un officier allemand, poussé du train, a été retrouvé mort sur la voie ferrée. Le meurtrier fait sans doute partie des voyageurs. Les contrôles sont renforcés ici et dans toutes les gares des environs.

Le cheminot breton nous indique le chemin à prendre pour éviter le déploiement des forces de l'ordre. Mon père grimpe sur le cadre de mon vélo, j'attache ma valise dans le dos avec un boyau de rechange et je pédale. Nous entrons en zone interdite sans autorisation.

Après vingt kilomètres, peu avant d'arriver à Douarnenez, deux gendarmes nous interpellent. Je freine, mais mon père me rassure. « T'inquiète pas, on passe. Je suis plus fort qu'eux ! » Je n'ai pas envie de me battre. Ils commencent à discuter : il faut un *Ausweis*, le territoire est bouclé, défense d'aller plus loin. Mon père avance tout en parlant, il leur montre le mur d'une usine sur lequel est inscrit : Savonnerie Belbéoch. « Vous voyez bien que je suis d'ici. » Les gendarmes se laissent convaincre puis nous racontent que le port de Douarnenez est devenu une plaque tournante des évasions par voie maritime, c'est pourquoi ils contrôlent le secteur.

Je suis tellement à cran que l'idée de fuir vers l'Angleterre me rassurerait presque. Mon père me secoue, il m'incite à reprendre le vélo et à participer au ravitaillement dans les fermes alentour. Je suis ici pour me refaire une santé.

Nous sommes logés chez un camarade d'enfance de mon père, tonton Eugène, avec qui il a fait la Grande Guerre dans la marine. Tout le monde se connaît dans la région, alors, quand nous allons dans une ferme pour acheter un morceau de lard ou de beurre, les présentations sont vite faites : « Ah oui, c'est toi le fils de Joss, celui qui habite près du bois de Vincennes. » La fille d'Eugène m'accompagne et me guide, elle sait quel chemin emprunter pour accéder aux villages sans se faire arrêter par une patrouille – elle est débrouillarde.

Nous rendons visite à mon cousin Manu, caché dans une ferme. Je suis surpris par la violence de ses propos et de ceux de ses camarades bretons. La résistance contre l'occupant est plus dure et apparemment plus organisée que ce que j'ai vu jusqu'à maintenant ; ils sabotent les usines et les arsenaux malgré les contrôles fréquents. Ils me racontent aussi qu'ils participent à la transmission de renseignements vers Londres et qu'ils soutiennent le réseau d'évasion d'aviateurs alliés.

Quand nous rentrons, le soir, à Douarnenez, je me plonge dans le Foignet, le manuel de droit. Pour chaque chapitre, je fais une fiche et je l'apprends par cœur. « Faut-il toujours obéir à un ordre qui vous est donné ? — Même si les ordres ne vous semblent pas normaux, il faut obéir. Il faut respecter un ordre émis par la hiérarchie, quitte à en demander réparation par la suite. » J'apprends cela par cœur.

15

Inspecteur

En général, les gens considèrent les résistants comme des fauteurs de troubles. Nous sommes obligés de redoubler de prudence. Nos actions armées sont très mal perçues, et les sabotages amènent des représailles terribles. Quand un militaire allemand est assassiné, plusieurs otages français sont exécutés, ce qui a un effet dévastateur sur l'opinion. Les partisans sont mal vus. On s'en rend compte quand on distribue les tracts : la population est terrorisée. Il faut dire aussi que, nous, nous sommes particulièrement remontés contre Vichy, toujours sur le qui-vive : on en a marre de l'attentisme.

Qu'ont-ils fait, les travailleurs, pour qu'on les emprisonne loin de chez eux ? Pourquoi sont-ils obligés de trimer en Allemagne ? Quelle faute ont-ils commise ? Pourquoi en sacrifier toujours plus ?

Qu'ont fait les Juifs pour être ainsi pourchassés et envoyés dans des camps ? Mais qu'est-ce qu'on leur reproche avec tant de haine ?

Tous nos voisins, nos amis qui continuent de disparaître, on appelle ça la « relève ». Il faut que ça s'arrête. Est-ce que c'est raisonnable d'envoyer trois jeunes en Allemagne en échange d'un prisonnier français ? On n'est pas du bétail, quand même !

Est-ce qu'il faut attendre que tout le monde soit déporté pour commencer à réagir ?

Un soir, devant le cinéma à l'angle du Faubourg-Saint-Antoine et de la place de la Bastille, des hommes avec des bérets noirs nous encerclent. La bagarre éclate. Ils ont l'air aussi énervés que nous. Je reçois un coup de crosse de revolver sur la tête, un coup sur le nez, moi qui étais à peine remis de mon traumatisme crânien. Je me retrouve avec du sang qui coule partout sur le visage. Je me débats comme un beau diable : je ne veux pas me laisser embarquer de nouveau, on ne m'enfermera plus. J'ai une énergie décuplée et un tel sentiment de colère... Je réussis à m'échapper, à courir et à m'abriter dans un bar louche, rue de la Roquette, où deux prostituées me donnent les premiers soins. Les camarades sont prévenus, ils me conduisent au service ORL clandestin de l'hôpital Saint-Antoine.

J'ai plutôt mauvaise mine ! Je suis sacrément amoché ! Au commissariat, personne ne fait vraiment de commentaires ni n'ose poser de questions : le souvenir du passage à tabac à la Préfecture est encore frais dans les esprits.

Choné m'a à la bonne ; il veut faire de moi un inspecteur. Les collègues policiers m'associent volontiers à leurs travaux. Et, comme le secrétaire Girod m'appuie ouvertement, Balthazar et Defrançais me font de nouveau confiance. Voilà, ce n'est pas plus compliqué que ça. C'est une belle hypocrisie !

Depuis novembre 1942, les troupes allemandes ont envahi tout le pays. Le climat est devenu étouffant. Ce sont des contrôles de papiers et des arrestations continuels dans Paris. Sur le trajet de Saint-Maurice, je vois de pauvres familles subir de plein fouet les lois et les décrets officiels français et allemands : interdiction de fréquenter les lieux publics, les parcs, vérification du tampon sur les cartes d'identité, des horaires de sortie... Tout est prétexte à des persécutions.

*

* *

« Si tu réussis ce concours, tu auras les coudées franches », voilà ce que répète Robert Deloche. Lui aussi me pousse aux études. Il m'encourage à continuer le combat au sein de la Résistance. Il est convaincu de l'intérêt du noyautage de l'administration.

C'est lui qui a mis en place tout un réseau d'influence. Il a fait jouer des relations pour me libérer de la brigade de répression, ce dont je lui suis reconnaissant. J'ai confiance en lui.

Son ascendant sur moi est fort et ses paroles de soutien contribuent largement à me sortir les idées noires de la tête. La journée, je retourne aux écritures dans les bureaux de la police. Je fournis de faux certificats à notre cellule de FTP. Le soir, je distribue des tracts avec Popaul, et la nuit j'apprends par cœur les articles de lois compilés dans le Foignet.

Mon père ayant été opéré d'un ulcère, je lui rends visite à Nogent-sur-Marne. Nous avons des discussions avec le professeur Métivet, qui s'entend bien avec nous : on peut lui parler en toute franchise. Il me conseille d'envisager sans tarder une réorientation professionnelle, de faire kiné : « Tu ne vas pas passer ta vie dans la police. »

Qui sait ? La décision ne m'appartient plus vraiment. J'ai eu l'accord de mon père et le soutien de mes proches. Ce travail, si on le fait consciencieusement, n'est pas pire qu'un autre.

Je reçois ma notification d'admission au printemps 1943. Je suis convoqué pour effectuer un stage à l'école de police technique, rue des Ursins, derrière la cathédrale Notre-Dame. C'est là que je déchante.

J'avais laissé mes a priori au vestiaire, on se charge de m'en inculquer de nouveaux ! Nous étudions les discours de Pétain. Du bourrage de crâne pur et simple : « Vous êtes dcs représentants de l'État français, de la grande nation, de la patrie... » On nous apprend à lutter contre le terrorisme, c'est-à-dire contre les voyous, les cibles principales étant les Juifs, les communistes, les francs-macs. Tout est « complot et compagnie ». Les inspecteurs des brigades spéciales viennent prêcher pour leur chapelle : « Vous pouvez venir, les gars, chez nous, on a des primes, on a de l'avancement. » Ils se prennent pour des aventuriers, ce sont de vulgaires mercenaires.

Les cours de perfectionnement en droit sont dispensés dans un amphithéâtre. Le programme et les professeurs sont intéressants – il n'y a pas que des mauvais bougres dans l'administration. Nous sommes placés par ordre alphabétique, et je suis au premier rang à côté d'un dénommé Beaujean qui prie pour ne pas être affecté d'office dans les brigades spéciales.

Manque de chance, le jour des résultats, il est obligé de demander une dérogation : « Mettez-moi où vous voulez, mais, s'il vous plaît, pas dans les brigades spéciales ! » Il est finalement dirigé vers les « enquêtes recommandées ». Moi, je suis affecté au commissariat de Nogent-sur-Marne. Je ne sais pas si c'est de la chance, une manœuvre de M. Tanguy ou de Robert Deloche, mais je suis ravi.

16

Rosa

Le 5 juillet 1943, j'arrive dans le magnifique hôtel particulier qui abrite à la fois le commissariat et le bureau de la justice de paix de Nogent, en plein centre-ville. Le commissaire Fouillard me reçoit et m'apprend que je suis le seul inspecteur en titre ici. Les autres hommes sont des gardiens de la paix en civil, mes responsabilités sont donc énormes.

L'équipe a l'air soudée et très sympathique. Il y a Roger, enquêteur ; Georges Rozé, dit Jo, Lucien Papelard, le grand Pierre et cinq ou six autres. Étant donné que je suis le plus jeune et qu'il y a déjà un Roger, on m'appelle soit inspecteur, soit Bébé !

Le commissaire, un drôle de gars, débonnaire, qui n'arrive pas très tôt le matin, me convoque régulièrement dans son bureau pour m'entretenir de choses aussi étonnantes que les règles du jeu au tennis, la vitesse des pigeons voyageurs ou la hiérarchie dans l'Église catholique...

Le noyautage s'organise rapidement ; grâce à mon accès direct aux dossiers, je contrôle tous les documents circulant ici. Si une lettre de dénonciation est trop précise, si elle implique nommément un réfractaire au STO, un résistant ou une famille juive, le soir même, des camarades du réseau se rendent sur place pour prévenir les personnes en danger et leur demander de prendre leurs dispositions. J'essaie aussi de trouver parmi mes collègues ceux qui seraient susceptibles de m'aider pour améliorer ces actions de sauvetage.

« Te fais pas de bile, Bébé, je suis dans la Résistance ». Jo m'annonce ça comme ça, tout net. Il m'explique qu'avant la guerre il était chemisier de métier. Dès le départ, l'idée de partir travailler en Allemagne lui répugnait, il est entré comme policier pour échapper aux convocations. Après la « relève », instaurée en juin dernier, le Service du travail obligatoire (STO) contraint désormais les jeunes Français à aller travailler dans des usines en territoire ennemi.

Le courant passe bien avec Jo, c'est un élégant, un beau parleur, mais avant tout un homme de conviction. Nous essayons de rallier d'autres fonctionnaires à notre cause. Le commissaire m'a demandé de prendre des initiatives, et je ne m'en prive pas.

J'appuie le grand Pierre afin qu'il soit détaché en civil et qu'il puisse s'occuper du fichier des étrangers menacés d'internement. Les Italiens forment une importante communauté dans le secteur, très active au sein de la Résistance. Ainsi, nous entrons en contact avec le Comité italien de libération nationale. J'envoie une note à la Préfecture et je fais fermer un repaire de fascistes, le café Curé Carreau, sous prétexte de tapage nocturne.

Je demande aux policiers de me faire des rapports quotidiens bien détaillés, de me tenir informé de leurs enquêtes et de leurs dossiers au cas par cas. J'exerce ma mémoire, sans jamais prendre de notes, comme me l'avait conseillé Choné. J'ai un peu d'expérience, maintenant, je retiens les noms, les adresses, tous les détails utiles, et je les transmets à mon responsable de réseau.

Jo est le mieux introduit d'entre nous : il a une certaine aisance, il inspire confiance. Son plus joli coup, c'est lorsqu'il me remet une centaine de faux certificats médicaux qu'il a réussi à soutirer à un médecin de Champigny. Je légalise la signature sur chacun d'eux et je tamponne. Je renoue avec mes anciennes pratiques de faussaire. Les papiers sont transférés au fur et à mesure par des agents de liaison vers les sections de partisans.

Par malheur, nous apprenons, à peine une semaine plus tard, grâce à un rapport d'enquête, que le docteur qui nous fournissait les certificats a été arrêté. Il est trop tard pour récupérer les documents. J'ai commis une grave erreur : le médecin risque de parler, et si la Gestapo remonte la piste, nous sommes cuits Jo et moi.

*

* *

Une connaissance de mon quartier, Rosa, a été arrêtée et conduite au commissariat de Saint-Maur-des-Fossés. Cette femme, appréciée de tous, est une vraie beauté, fort avenante, qui vend du textile au porte-à-porte. Son mari, Joseph Mezou, est ébéniste, spécialisé dans la marqueterie. Ils forment un jeune couple très sympathique.

Le commissariat de Saint-Maur est dirigé par un dénommé Touraine, commissaire divisionnaire, une vraie peau de vache. Il est haï par la population ; il ne répond pas aux ordres, il les devance, et il n'aime pas les Juifs.

Si mes renseignements sont exacts, Rosa court un grave danger. Elle a été prise en infraction à l'ordonnance qui oblige au port de l'étoile jaune. Elle risque une amende ou l'emprisonnement ; les policiers vont peut-être l'envoyer à Drancy.

Mon sang ne fait qu'un tour. J'imagine former un commando pour la libérer, j'en parle à mes copains. Jo me dit de rester calme. Comment faire pour réussir à convaincre une tête de mule comme le commissaire Touraine ? La solution est d'abord d'aller au commissariat et de parlementer. Il me faut contenir ma colère.

J'arrive là-bas, commence à discuter avec le chef de poste et les policiers ; j'essaie de les convaincre : « Donnez-lui un avertissement mais relâchez-la, vous ne pouvez pas laisser faire ça, elle est mariée, elle a deux enfants... » Ils ne veulent rien entendre ; la décision appartient au commissaire.

Il me reçoit, je me présente, je fais valoir que je n'ai jamais rien réclamé jusqu'à maintenant, je connais bien cette femme, ses papiers sont en règle, on ne peut pas la laisser partir en camp sans lui donner une chance, ce n'est pas humain... Lui n'est pas d'accord avec moi, il dit qu'elle était parfaitement au courant des décrets, que les Juifs représentent un danger pour l'ordre public, son refus d'obtempérer et de coudre son étoile en est la preuve... J'insiste, je sors tous les arguments possibles – elle a des enfants en bas âge, son mari a servi l'État français, je garantis leur bonne moralité, il ne la verra plus dans le quartier... Il finit par céder. Rosa peut rentrer chez elle.

Nous lui fabriquons des faux papiers et elle part avec ses enfants se mettre à l'abri à la campagne, dans l'Allier. On ne s'attendait pas à ce rebondissement, mais, une semaine après, on apprend que son mari, qui n'est pas juif, a été arrêté sous prétexte qu'il avait hébergé une Juive !

Cela veut dire que M. Mezou s'est fait arrêter parce qu'il a hébergé sa propre femme chez lui. Je retourne au commissariat de Saint-Maur et je raisonne le commissaire Touraine. Il ne faut pas pousser, quand même ! Le commissaire admet qu'il s'agit là d'une erreur de ses services administratifs et libère le mari. La famille de Rosa est sauve, je suis soulagé.

17

Le sauvetage

Un matin de septembre 1943, alors que le commissaire Fouillard n'est pas encore arrivé, je prends connaissance des affaires de la nuit. Le préposé aux transmissions m'informe qu'il a reçu une communication de Paris.

Je dois rappeler la kommandantur pour en savoir plus.

Un interlocuteur francophone avec un fort accent allemand me répond. Il appartient à la direction du STO. Il veut que nous procédions à l'arrestation d'un fugitif résidant rue du Moulin, à Nogent-sur-Marne : cet homme se serait évadé d'Allemagne. Il me demande de lui communiquer mon nom, il me tient pour responsable des suites que prendra cette affaire.

Je dois agir seul.

Je prends mon temps, je marche tranquillement vers l'adresse indiquée et arrive en fin de matinée. Ce n'est pas la façon habituelle de procéder, et je crains qu'il ne s'agisse d'un piège de la Gestapo.

L'histoire a peut-être été montée de toutes pièces pour, sans doute, tester la fiabilité des officiers de police français.

J'arrive devant une grande grille, je sonne, une femme sort du pavillon des gardiens et vient m'ouvrir. Je lui demande si son mari est bien revenu. Elle répond que oui, mais il est parti voir des amis à Fontenay-sous-Bois. Je lui dis que je suis dans l'obligation de le remettre aux autorités allemandes ; je vais devoir revenir et l'arrêter. Elle m'assure qu'elle lui transmettra le message dès qu'il rentrera.

Je reste perplexe face à l'attitude de cette femme, à son calme et à son manque de réaction. Pourquoi a-t-elle dit que son mari était revenu à son domicile ? Elle ne sait pas mentir ? Pourquoi est-ce qu'elle n'a pas cherché à dissimuler la vérité ou à parlementer ?

En début d'après-midi, le commissaire me convoque, plutôt en colère ; la Gestapo l'a appelé ; je ne l'avais pas mis au courant de l'affaire, c'est inadmissible. Je dois tout de suite retourner rue du Moulin. Il désigne Lucien Papelard pour m'accompagner et un chauffeur pour nous conduire là-bas.

Je me sens piégé.

Je demande au chauffeur de nous arrêter place Nogent-Vincennes, à cent mètres de la rue du Moulin, et de nous attendre. En chemin, j'explique à Papelard la procédure et je me risque à lui demander s'il est d'accord pour arrêter des Français et les remettre aux forces d'occupation. Il se récrie, ce qui me rassure un peu. Il ajoute que ces derniers temps il s'est rapproché du réseau Police et patrie. Ni lui ni moi ne voulons travailler pour les Allemands. On est bien d'accord.

La femme, sans marquer plus d'étonnement, vient nous ouvrir. Nous entrons dans le pavillon, son mari est là. Je suis atterré. Je croyais que l'avertissement de ce matin aurait suffi à le faire fuir. Il nous explique la vérité ; il est revenu en France pour retrouver sa famille, il n'a pas d'autre projet. Il est désarmant de naïveté, c'est un gars honnête. Sa femme se met à pleurer.

Bien obligé de faire quelque chose, j'ordonne à cet homme de déguerpir. Je lui laisse un délai de vingt-quatre heures, ensuite, je transmettrai sa fiche à la Gestapo.

Lucien et moi ne sommes pas tranquilles quand nous racontons à Fouillard que le fugitif était absent du domicile. Pourvu que l'homme réussisse à se planquer, qu'il n'y ait pas un voisin pour le dénoncer ni une lettre anonyme pour confirmer sa présence le jour de notre visite.

Je tire de cette mésaventure la conclusion que ce type d'affaire risque de se reproduire. Je demande au commissaire s'il veut bien me confier le registre des réfractaires aux STO, ce qui m'évitera d'avoir à le lui demander à chaque vérification. « Si je vous le donne à vous, je ne pense pas qu'il y ait beaucoup d'arrestations, Belbéoch... » Je n'insiste pas, je fais mine de prendre cela comme une plaisanterie.

Il faut agir autrement. Ce n'est pas la bonne méthode !

Tôt le matin, je vais dans son bureau, je sors le classeur et mémorise le maximum de noms et d'adresses. Le soir, ou le dimanche matin, avec mon père, nous partons en tournée. Nous nous présentons comme étant des inspecteurs de police à la recherche de réfractaires et prévenons qu'on va devoir revenir pour les arrêter.

Je revois la femme de la rue du Moulin, elle a reçu une carte postale de son mari, il a trouvé une planque dans le Sud. Reste à espérer que tous les autres réfractaires que nous aurons prévenus auront sa chance.

Un soir, après le boulot, nous discutons avec le grand Pierre. « Dis donc, Bébé, il y a un garage près de chez moi – Pierre habite Le Perreux –, un garage pour les véhicules de l'organisation Todt. Il faudrait peut-être qu'on aille y faire un tour... » Le garage est tenu par un Suisse qui s'occupe de l'entretien et des réparations pour le compte des Allemands. Nous forçons la porte, pas de chance, le propriétaire est là, nous sommes obligés de le braquer avec nos armes de service. Nous effectuons le sabotage sous ses yeux : nous remplissons les réservoirs de sable et crevons les pneus des voitures. Nous laissons la vie sauve au garagiste, il n'a pas intérêt à nous dénoncer. Il sait que s'il moucharde : il y aura des représailles.

Un officier allemand débarque le lendemain au commissariat, furieux. Il nous demande de faire une enquête. Évidemment, elle n'aboutira pas.

Une autre enquête sera étouffée, celle du transformateur électrique de l'usine Air liquide à Champigny. « Bébé, viens vite, des gars ont fait sauter le transfo. » C'est sur mon secteur, je rapplique. Je rencontre les responsables de l'usine, je les interroge consciencieusement, il s'agit peut-être d'un simple accident, d'une fausse manœuvre, qui sait ? Je fais du zèle. Après de multiples vérifications, je demande aux collègues d'établir à leur tour des rapports détaillés d'enquête sur place. Il se passe plusieurs heures avant que nous revenions au commissariat et que nous prévenions les autorités allemandes du sabotage. Cela laisse le temps aux auteurs de s'organiser et de se cacher.

Le noyautage de la police prend différentes formes. J'essaie par tous les moyens de convaincre les collègues de se rallier à la Résistance ou tout au moins à réfléchir à leurs actes. Il y a un risque à parler sans cacher ses idées, mais, souvent, le temps presse. Quand un gardien de la paix arrête un camarade parce qu'il distribue des tracts, je discute avec lui, je lui dis de le relâcher pour éviter la casse, et la prochaine fois de faire demi-tour dans la rue, personne ne viendra le lui reprocher. J'essaie d'inculquer ces gestes simples mais efficaces dans une lutte contre l'occupant.

18

L'insurrection

Le début de l'année 1944 est une sale période pour moi. Il est grand temps que cette guerre se termine, sinon, je vais y laisser ma peau. Le réseau nous demande de nous relayer pour des planques de nuit en pleine froidure. Le gel, l'humidité, des heures entières passées sur les bords de Marne à surveiller les allers et retours de la Gestapo française.

L'un de ses membres reçoit des invités dans une propriété située sur l'île de Beauté, à Nogent. Cet homme est un collaborateur de haut vol. On en a la preuve.

En attendant, mes poumons sont en train de déguster, je sens la fièvre qui me brûle le crâne et me glace le dos. On me connaît, maintenant, au service de garde de la clinique de Nogent, j'y vais tous les jours pour ma piqûre de B12. Si ce n'est pas une pneumonie, ça y ressemble fort. Je suis obligé de rester au lit.

À mon retour au commissariat, on m'informe de l'arrestation d'un jeune homme porteur d'une arme ; il est dans un drôle de pétrin. Le port d'arme est ce qui fait le plus peur à la police de Vichy, une peur panique – un citoyen armé est forcément un bolchevique. Ils viennent d'exécuter vingt-deux FTP d'un coup, le groupe Manoukian. Mon prisonnier n'a aucune chance de s'en tirer vivant. La procédure est enclenchée, les autorités allemandes vont bientôt être prévenues.

Je me renseigne : il fait partie d'un groupe de résistance voisin, basé à Champigny. Je me mets rapidement en contact avec ses camarades, il faut absolument le faire sortir. Je leur dis que la seule solution pour le libérer passe par la force. Je leur suggère un plan : venir la nuit au commissariat, après la relève de la garde, vers une heure du matin, neutraliser le gardien et pénétrer dans le bâtiment. À cette heure-là, il y n'a que deux hommes à l'intérieur, à moitié endormis. Le commando ne devrait pas avoir trop de mal à libérer leur camarade.

Je leur conseille, si nécessaire, de prendre en otage le planton, d'agir proprement et d'éviter à tout prix les coups de feu, car cela pourrait réveiller le quartier et mettre tout le monde en danger.

Ils ne tardent pas, et, la nuit même, le plan se déroule comme prévu : le jeune gars est sain et sauf, libéré. Il n'y a pas de blessé. Pas un coup tiré ! Une chose m'étonne quand même : le commissaire ne cherche pas à me prévenir alors que j'habite à côté et, en plus, il étouffe l'affaire.

Les planques dans le froid continuent de me détruire la santé, il faut tenir, il faut subir les brûlures de l'hiver et les piqûres de B12. J'ai les yeux rouges, collés, je n'ai plus de voix, mon nez coule sans arrêt. Comme nous n'apprenons rien de bien utile en restant sur place à faire le guet, je pars aux renseignements alentour.

Aimos, le célèbre acteur, l'éternel second rôle, celui qui donne la réplique à Gabin et à Charles Vanel dans *La Belle Équipe*, le titi parisien, celui qui a ouvert un restaurant pour les enfants nécessiteux rue Montmartre et qui tient aussi une guinguette à Champigny, me prévient : « Le gars que tu surveilles, il va bientôt avoir besoin d'une carte d'identité, ça sent le roussi pour lui. »

Je me méfie un peu des artistes. Je préviens Aimos que je ne fais pas de faux papiers. Si le type en question a besoin d'une carte, il suffit qu'il vienne au commissariat.

Quelques jours plus tard, le « gros poisson » arrive, accompagné de son épouse. Je les reçois personnellement, je prends les noms, adresse, activités, et tout en préparant leur carte je me renseigne sur leur envie de voyager, la date de leur départ... Je transmets ces informations aux camarades de mon réseau. Je n'entends plus parler de rien.

*

* *

Avec le printemps et la progression des forces alliées, le climat change. On va peut-être voir le bout de cette satanée guerre. Le Conseil national de la Résistance réunit les différents mouvements actifs, les Forces françaises de l'intérieur sont en train de se constituer, l'espoir d'une libération est palpable.

Le cadavre du « gros poisson », le gestapiste français à qui j'ai fait des papiers, est retrouvé sur les bords de Marne. Son épouse est sauve, elle a réussi à s'enfuir, lui n'a pas eu cette chance. Une balle dans le crâne. Je me rends sur les lieux, je fais l'enquête afin que soit délivré le permis d'inhumer. Le médecin légiste y va de son commentaire : « C'est vraiment la pègre », j'opine du chef, « m'en parlez pas, docteur ».

À l'annonce du Débarquement, les commissariats du secteur organisent une réunion des cadres à laquelle je suis convié. La question est de savoir à qui nous devons obéir. L'opinion majoritaire consiste à dire que la police répond aux ordres du gouvernement qui la paie.

Je me lève et j'interviens. Je dis que ce matin, en sortant de chez moi, j'ai regardé sur le toit de l'immeuble. Il y a une girouette. J'ai vu le vent qui tournait. Et j'ai pensé : tiens, à la place de la girouette, on pourrait mettre un gardien de la paix.

Le commissaire Fouillard ne fait pas de commentaire. Les autres policiers prennent des notes, cela pourrait toujours servir... L'ambiance est électrique durant ces semaines qui précèdent la Libération. Au sein de la police, les tiraillements sont énormes – un soulèvement de la population serait très dangereux pour ceux qui se sont rendus complices des autorités allemandes et de la Gestapo. Autour de nous, c'est un mélange d'effervescence, de tension, d'exaltation, et cela se poursuit jusqu'au 14 Juillet. Les consignes sont strictes : pas d'arrestation, pas de brutalité ! Les drapeaux tricolores s'improvisent avec des couvertures, des draps étendus aux fenêtres. Sur les bords de Marne, des attroupements se forment, on chante de bon cœur. Un mois plus tard, pour gêner l'occupant et paralyser les villes, des grèves éclatent dans tous les secteurs. Les organisations policières se réunissent à la Préfecture, un Front unique de la police est formé qui regroupe les différents réseaux de résistance.

Le 19 août, nous recevons l'ordre de rejoindre la Préfecture de police pour passer à l'action.

J'enfourche mon vélo et je file vers Paris. C'est la vraie cohue ; des quartiers entiers sont bloqués, des coups de feu sont tirés depuis les toits. Arrivé à la Préfecture, j'assiste au discours de Rol-Tanguy. Il se présente comme le commandant des FFI de l'Île-de-France et annonce que le général Leclerc va prêter main-forte aux résistants en vue de la libération de Paris. Il nous apprend que von Choltitz signe sa reddition. La population doit se mobiliser pour repousser les troupes allemandes hors de Paris. La Préfecture est occupée, l'insurrection est décrétée, dans la foulée, à l'appel du CNR et du Comité parisien de libération. Le gouvernement est renversé, il faut chasser l'occupant, rapidement et par tous les moyens.

19

La Libération

Dans la cour de la Préfecture, un miracle s'est produit : il n'y a plus que des résistants ! C'est bien simple, dans la police, tout le monde en est. Les portraits de Pétain sont retirés de leurs cadres, déchirés et jetés par les fenêtres. Voici le miracle : pour apparaître comme résistant, il suffit de faire des confettis avec l'image du maréchal et de parader avec un brassard FFI.

Je préfère retirer le mien, c'est un coup à servir de cible, ça. J'ai du mal à retrouver mon vélo dans la pagaille, les ébauches de barricades et les amoncellements d'engins. Le parvis de Notre-Dame est transformé en bazar de ferrailleurs. Je fonce, je zigzague pour regagner Nogent-sur-Marne et faire appliquer au commissariat les consignes de grève et d'insurrection générale.

Nous avons une entrevue avec le commissaire. Il s'oppose à la grève. Je lui fais part du changement de situation à la Préfecture : le préfet Bussière a été arrêté et l'insurrection a commencé.

Nous devons y participer. Fouillard voudrait me convaincre de patienter. Le lendemain, il m'explique que la trêve va servir à reconstituer nos forces et à fourbir nos armes. Cet homme que j'estime et dont le côté poète m'a souvent amusé, cet homme est moins rêveur que je ne l'avais cru.

Je comprends que nous ne sommes pas du même bord, lui et moi. Je suis contre la trêve. Je ne suis pas de ceux qui veulent laisser partir les Allemands la tête haute, je voudrais que la population entière participe à la libération. J'ai dans l'idée qu'il faut réunir le plus grand nombre de combattants possible.

La difficulté est de mobiliser les volontaires, car tout le monde est partant, bien sûr, l'affaire est dans le sac, mais personne ne veut aller au feu. Volontaire pour aller réquisitionner un sac de farine ou tondre une collabo, oui, mais pas pour les barricades. Ce serait bête de tomber, maintenant que la libération est proche.

L'autre difficulté vient du fait qu'en banlieue il y a des embuscades un peu partout. La Wehrmacht ne lâche pas prise, les combats d'arrière-garde sont violents. Le déploiement des troupes allemandes nous laisse même supposer qu'elles préparent un retour offensif vers Paris. Je ne verrai pas la 2e DB ni les Américains arriver dans la capitale ; je suis envoyé à Noisy-le-Grand pour prêter main-forte aux camarades et organiser les prochaines luttes.

J'apprends que l'acteur Aimos a trouvé la mort sur une barricade, dans le Xe arrondissement. Plusieurs versions circulent à ce propos, on ne sait pas s'il a été tué par une patrouille ou s'il a été victime d'un règlement de comptes. Il a reçu une balle dans le dos.

Toujours est-il que nous ne respectons pas la trêve, et, par petits groupes, nous prenons les armes pour récupérer le fort de Nogent et le viaduc.

*

* *

« Bébé, il faut que tu viennes, il est arrivé quelque chose de terrible. »

Jo, mon collègue, m'annonce la nouvelle : « Ton père a été abattu. »

Il a été envoyé en renfort au pont de Joinville sur ordre du général Malleret et du colonel Rol-Tanguy. Il y avait aussi les FFI dirigés par Deloche pour le secteur et une unité des FTP-MOI. Il était quatorze heures.

Qu'est-il arrivé ? L'ordre avait été donné d'empêcher la destruction du pont de Joinville pour permettre aux divisions blindées de poursuivre l'armée allemande en retrait vers l'est. On a appelé les FTP en renfort.

Jo ne peut pas en dire plus, car il ne sait pas exactement ce qui s'est passé pour mon père. Il propose de m'accompagner là-bas. Je ne sens plus mes jambes, elles se dérobent sous moi.

À cent mètres des bords de Marne, deux wagons de marchandises sont couchés sur la route. C'est impressionnant. Ils ont basculé du pont ferroviaire Chapsal et sont tombés en contrebas. Il y a encore quelques coups de feu. Le pont de Nogent a apparemment reçu des obus en son milieu, mais il est intact. Les immeubles face à la gare sont entièrement détruits. Jo me dit que nous devons aller à la mairie, où les blessés ont été évacués.

Robert Deloche, bouleversé, vient tout de suite vers moi : « Ton père est mort en héros. » Les Allemands étaient peu nombreux, mais bien armés. Leur unité mobile disposait de mitrailleuses et de canons légers, leur camion était bourré d'explosifs qu'ils comptaient placer sous le pont pour le détruire. Ce sont les renforts FTP qui les ont poussés à décrocher et à fuir. « Ton père avait pris la tête du groupe, il a avancé jusqu'à l'entrée du pont, au passage de la nationale, rue Jean-Mermoz. Des tireurs étaient en embuscade, et il a reçu une balle au moment où il s'est redressé pour enjamber le parapet. La balle est entrée par le front et lui a traversé le crâne. »

Il n'y avait plus rien à faire quand il a été évacué à la mairie. Le corps a été transporté à la maison. Robert me prend le bras et le serre. Jo me tapote l'épaule. Dehors, les gens chantent, tout le monde est content, c'est la Libération. Moi aussi je suis content, et j'ai de la peine. Une peine immense, un vide, un froid, une suée dans le dos. On a tellement souffert ces derniers temps. La chaleur et la joie de la Libération font ressurgir la rigueur des hivers précédents et de la répression. Ce mélange fait monter les larmes aux yeux, je n'ai rien à dire, j'accuse le choc.

Nous retournons, Jo et moi, à Saint-Maurice. Nous mettons plus d'une heure à contourner le bois pour éviter une embuscade avant de rejoindre la maison. Il est là, au troisième étage, installé sur le lit.

Mon père est mort le 25 août 1944, jour de la Libération, debout, l'arme à la main. Maintenant qu'il est couché, son sang coule. Tandis qu'on lui met une serviette sous la tête pour l'absorber, le corps, inerte, se vide. Ma grand-mère lui redresse un peu la tête, ma belle-mère lui effleure le front, je lui presse la main. Les camarades défilent dans la chambre pour se recueillir devant sa dépouille, lui rendre hommage. Il est pâle et sans vie, mais le sang continue de couler.

Épilogue

Après la Libération, je ne me sentais pas bien du tout. Nous avons organisé les obsèques de mon père. De belles funérailles, républicaines, avec un discours, et beaucoup de monde. Mon père était connu et apprécié, c'était un combattant. La semaine suivante, quand je suis retourné au commissariat de Nogent, il n'était question que de Résistance et de décorations. Toute l'équipe avait soit-disant aidé à libérer Paris et cherchait à obtenir du galon.

Le général de Gaulle a remis la Légion d'honneur aux policiers parisiens pour leur bravoure. Cela a contribué au vent de folie qui soufflait dans la police. Les gardiens de la paix – ils étaient presque une centaine sur le secteur, je me souviens, ils préféraient rester dans le parc de Nogent derrière le commissariat quand on demandait des volontaires pour aller sur les barricades – réclamaient des décorations ou des avancements. Ce n'était pas possible, c'était à vous dégoûter d'être honnête. Quant à moi, j'ai refusé toutes les distinctions, « je n'ai pas fait de la résistance pour être récompensé », voilà ce que je disais. J'en avais assez de cette situation.

La fin de la guerre a été pénible, les relations avec les collègues étaient tendues, ils insistaient pour que je leur fournisse des attestations, que je certifie qu'ils avaient été résistants. Cela me mettait hors de moi. J'étais étiqueté communiste ; mes prises de parole sur le refus d'obéissance et le fait d'avoir comparé les gardiens de la paix avec des girouettes, au moment du Débarquement, tout cela avait été consigné dans mon dossier. Ma carrière n'en a pas été facilitée, loin de là.

Claudine n'est jamais revenue d'Auschwitz, la famille Kaufmann a été exterminée. Ce que nous apprenions de la réalité des camps d'extermination était effrayant. Toutes ces vies brisées, anéanties, ces familles séparées, martyrisées. Tous ceux qui n'avaient pas eu de chance, ceux qui avaient été déportés à cause de l'excès de zèle d'un policier ou de la dénonciation faite par un voisin, tous ces pauvres gens avaient été victimes de l'atrocité nazie. Ils ne reviendraient pas. Je pensais souvent à Claudine, et chaque fois que je passais en bas de chez elle.

Son souvenir était douloureux, avec une question lancinante : pourquoi personne n'a été là pour la sauver ?

Il y avait aussi toutes ces personnes mortes les armes à la main ou les mains attachées dans le dos ; je pensais aux résistants, aux maquisards, aux otages... Le parti communiste avait été surnommé le « parti des fusillés ». L'Association républicaine des anciens combattants (l'ARAC) s'était reconstituée, nous avions un gros travail d'action sociale à mener, la tâche était immense. Nos conditions de vie étaient aussi difficiles que pendant la guerre – il n'y avait pas grand-chose à manger.

J'ai intégré la « voie publique », puis ce service connu aujourd'hui sous le nom de Brigade de répression du banditisme. Il fallait neutraliser les individus dangereux, les voleurs à la tire, les braqueurs, les souteneurs... C'était un travail qui demandait d'aller sur le terrain, de rester à l'affût, de multiplier les contacts. Le 3 mai 1945, je suis devenu le père d'une petite Annick. J'avais rencontré sa mère l'année précédente. Nous nous sommes bientôt quittés, je n'allais pas très bien, mais j'élevais cette enfant du mieux que je pouvais.

En 1950, je suis passé dans une brigade territoriale ; je travaillais à Montmartre. Un matin, une certaine Mme Hermoza a demandé à me voir. La jolie dame est entrée dans la salle. Nous étions cinq dans la grande pièce, chacun derrière son bureau. Tout le monde la regardait avec étonnement.

« Ben, ma Rosa, qu'est-ce que tu fais là ? » Elle était embêtée, la belle Rosa, la femme de l'ébéniste, celle que j'avais délivrée du commissariat de Saint-Maur. Elle avait besoin d'un service. Elle subissait des menaces d'un de ses voisins, à Sucy-en-Brie. Il la harcelait, elle me demandait d'intervenir. En même temps, elle était gênée de me déranger pour ça. J'ai réglé l'affaire comme j'ai pu. Mais Rosa était réapparue dans ma vie.

Une autre femme est apparue, Michelle. Nous nous sommes rencontrés dans le cadre de l'Association des anciens combattants où elle était secrétaire juridique. Elle est devenue mon épouse, elle a toujours été à mes côtés dans les bons et les mauvais moments.

Parmi les Juifs qui avaient réussi à échapper aux persécutions pendant la Seconde Guerre, je voyais de temps en temps le docteur Blumenfeld. Il m'invitait chez lui, à Saint-Mandé, pour boire un porto. Il se préoccupait de ma santé, car j'avais gardé des séquelles du traumatisme crânien et des hivers passés dehors.

J'ai aussi conservé une grande amitié pour Jean Schwerdlin que j'ai sauvé lui et sa famille en leur fournissant des faux papiers. Ils ont réussi à rejoindre l'Afrique du Nord. Jean s'était engagé dans l'armée française, je l'ai revu à son retour à Paris.

Dans les années 1970, le docteur Blumenfeld a commencé à me parler du mémorial Yad Vashem ainsi que du titre de Juste parmi les nations. Il m'en a expliqué le principe.

Le Parlement israélien, la Knesset, a décidé de bâtir un mémorial sur la colline du Souvenir, à Jérusalem. Une commission désigne ceux qui ont sauvé des Juifs pendant la guerre – cela concerne aussi bien des individus, des couples que des familles répartis dans le monde entier. La reconnaissance de ces gens se fait sans limite géographique, sans distinction d'âge ni de sexe.

Le docteur Blumenfeld insistait là-dessus ; face à l'horreur, à la Collaboration et à la passivité de certains de nos compatriotes, il faut mettre en avant l'action de ceux qui ont réussi à sauver la vie d'innocents. C'est le meilleur moyen d'avoir à nouveau foi en l'avenir.

La Collaboration a été un crime, c'est un fait, elle a poussé le pays à commettre des fautes impardonnables, il ne faut rien oublier de tout ça. Mais il ne faut pas oublier non plus ceux qui ont sauvé l'honneur en sauvant la dignité humaine. Montrer comment des vies ont pu être épargnées, comment des personnes de toute condition ont aidé matériellement et moralement des Juifs, au péril de leur vie, au nom de simples principes humanitaires, cela est une leçon universelle... Le docteur Blumenfeld a réussi à me convaincre du bien-fondé de cette reconnaissance.

Pour autant, je n'avais aucune envie de faire des démarches, des recherches afin de savoir qui avait survécu, de remuer cette période sombre et de quémander une attestation à qui que ce soit. Chaque fois que je voyais le docteur, il me disait : « Alors, tu me les as amenés, ces papiers ? »

Quand j'ai repris contact avec Rosa, c'est moi qui étais gêné de la déranger. Elle a rédigé une lettre simple, qui détaille ce qu'elle a pu connaître de mes actions en 1942 et la manière dont je lui ai sauvé la vie, ainsi que celle de ses enfants et de son mari. « Je dois dire également que j'ai eu recours à M. Belbéoch à plusieurs reprises pour des amis israélites qui avaient besoin de fausses pièces d'identité [...] j'établis cette attestation de tout cœur. » Elle termine en m'exprimant sa « reconnaissance éternelle ». J'avoue que ça m'a beaucoup ému. Ça m'a pas mal remué...

Quand je suis allé à Jérusalem, en 1985, et que j'ai été nommé Juste parmi les nations, quand j'ai planté cet arbrisseau sur le site de Yad Vashem, cette jeune pousse qui allait prospérer parmi des milliers d'autres arbres, j'ai eu un pincement au cœur, et un vrai sentiment de fierté. Cette forêt honore le souvenir de quelque deux mille Français et de plus de vingt et un mille hommes et femmes de tous les pays du monde. Je suis l'un d'eux.

Postface

« Je n'ai fait que mon devoir... » écrit Roger Belbéoch.

Certes, mais quel était le « devoir » d'un policier français aux temps troubles de l'Occupation ?

Il y avait alors devoir et devoir...

Chartres, le 12 novembre 1940, Jean Moulin prend connaissance de la lettre officielle qui met fin à ses fonctions préfectorales. Au commissaire Charles Porte qui lui dit son intention de démissionner, l'ex-préfet conseille de rester à ce poste éminemment stratégique... et demande immédiatement de lui confectionner de faux papiers.

La défaite de juin 1940 et l'occupation qui en résulte, l'existence d'un « État français » non démocratique, mais adoubé par une majorité écrasante de parlementaires de la IIIe République, expliquent la situation difficile d'une police placée au service d'un État à visée totalitaire en même temps qu'à celui de l'occupant nazi.

La légalité d'un gouvernement dont les premières mesures – contre les francs-maçons, les étrangers, les Juifs – révèlent une rupture totale avec la république, l'armistice signé avec le vainqueur dont l'article 3 oblige l'administration française à assurer l'application des ordonnances de l'occupant, plongent dans une situation inconfortable une police à la fois symbole de la légitimité et des prérogatives d'un État français qui se veut souverain en dépit de l'occupation des deux cinquièmes de son territoire, outil au service d'une « Révolution nationale » fondée sur l'exclusion et la répression des « éléments antinationaux » et monnaie d'échange avec un occupant qui n'a d'autre but que d'user au moindre coût d'un auxiliaire inespéré.

Pris au piège de la légalité du gouvernement de Vichy, de leur sens de la discipline, mais aussi de leur propre goût de l'ordre, de leurs intérêts particuliers ou corporatifs, d'une culture professionnelle qui leur fait partager souvent des aversions communes – contre les communistes, les étrangers, les Juifs – avec leurs nouveaux maîtres, les policiers parisiens furent amenés pendant ces années noires à jouer un rôle, à remplir des missions, à appliquer des « lois », à utiliser des méthodes en totale contradiction avec les traditions républicaines. Le pire étant atteint avec une répression raciale menée concurremment puis conjointement par le gouvernement de Vichy et les Allemands.

Dans ces conditions, le choix était difficile pour ceux qui souhaitaient combattre l'occupant. Que fallait-il faire ? Démissionner pour éviter de « souiller son uniforme » comme finit par s'y résigner le commissaire Jean Phillipe*, le « basset » du réseau « Alliance » ? Ou bien rester à son poste au risque de se compromettre en servant le gouvernement et en obéissant aux « besognes infâmes » dont la spirale se profilait dès l'automne 1940, comme le fit Charles Porte** ?

Idéalement placé dans l'appareil répressif pour connaître les affaires en cours ou les dénonciations qui arrivaient quotidiennement dans les services de police, mais aussi pour fournir de « vrais-faux » papiers aux victimes des persécu-

---

* Les circulaires prescrivant d'arrêter des Juifs lui furent insupportables. Dans sa lettre de démission, il affirma « refuser de persécuter des Juifs qui ont droit à la vie et au bonheur comme M. Laval lui-même », ajoutant que « tout Français complice d'une telle infamie, se nommerait-il Philippe Pétain, agirait en traître ». Phillipe fut arrêté quelques semaines plus tard sur trahison. Torturé, déporté, il fut assassiné à Karlsruhe.

** Finalement entré dans la clandestinité, chargé de la sécurité du CNR, le commissaire Porte – « Henri » pour la clandestinité – fut arrêté, torturé, déporté. Revenu vivant de déportation, il dut affronter jusqu'au début des années 1950 la vindicte du PCF. Il avait arrêté à Chartres des militants communistes qui furent – sans qu'il fût en mesure de le prévoir – fusillés par la suite comme otages en représailles d'un attentat.

tions et aux clandestins, le policier résistant pouvait rendre d'immenses services. C'est la raison pour laquelle tous les réseaux et mouvements de résistance qui comptèrent des policiers dans leurs rangs leur imposèrent de rester à leur poste. Ce faisant, ils affrontaient de nombreux dangers.

En butte à la suspicion générale qui régnait dans tous les services, ils devaient d'abord se défier de leurs collègues et « donner le change ». Donner le change par leurs paroles, mais aussi par leurs actes, c'est-à-dire faire leur métier, donc participer à « des affaires » qui connurent, parfois, de tragiques conséquences. Un militant communiste arrêté pour distribution de tracts qui, en théorie n'encourait qu'une peine de prison minime ou un internement dans un des nombreux centres de séjour surveillé qui couvraient alors le territoire, pouvait, par la suite, être fusillé comme otage en représailles d'un attentat. Arrêter un Juif pour infraction aux ordonnances allemandes conduisait ce dernier à Drancy, mais aussi à Auschwitz...

Isolé, évoluant dans un milieu hostile, le policier résistant devait en outre se méfier des provocateurs et des collaborationnistes des partis extrémistes que les services allemands utilisaient pour tester la loyauté des policiers français et débusquer ceux qui « trahissaient ».

C'est toute la difficulté et la grandeur d'une résistance policière très mal connue, difficile à cerner dans les archives parce que doublement clandestine.

Les Allemands, eux, ne s'y trompèrent pas puisque, dès 1940-1941, ils ont arrêté, jugé, déporté, fusillé des commissaires, inspecteurs, gardiens de la paix qui sont l'honneur de la police parisienne. Curieusement, l'institution ne les honore pas ou beaucoup moins que leurs collègues tombés pendant la semaine insurrectionnelle du mois d'août 1944, soit parce qu'elle les ignore, soit parce que l'antériorité de leur engagement, de leurs actions, de leur refus, souligne cruellement la passivité, l'obéissance, l'attentisme de la majorité de leurs collègues. Sans parler de l'attitude d'une hiérarchie (IGS, préfet de police) remettant elle-même – pour montrer sa bonne volonté ou éviter des ennuis – ces résistants de la première heure aux autorités allemandes...

C'est pourquoi les mémoires de Roger Belbéoch sont les bienvenus. Son engagement et son action éclairent nombre d'aspects d'une histoire qui reste à écrire.

Entrant dans la police en avril 1942 pour échapper au départ en Allemagne et sur les conseils de camarades du Parti qui ont bien compris tout l'intérêt d'avoir des yeux et des oreilles dans cette citadelle de l'État, il ne connaîtra jamais le dilemme qui tenaillait ou paralysait une partie de ses collègues plus anciens : servir les intérêts patriotiques ou la loi. Au poste stratégique qu'il occupe – secrétaire aux écritures dans un commissariat sans « patron » –, et malgré la peur qu'il éprouve, il utilise toutes les possibilités qui lui sont offertes pour venir en aide aux gens persécutés par les « deux occupants », Vichy et les Allemands, notamment en prévenant les victimes de dénonciations, en couvrant la disparition des Juifs astreints à résidence, ou en fournissant de faux papiers pour les traqués et les clandestins quels qu'ils soient. En dépit des précieux conseils que lui donne, l'air de ne pas y toucher, un collègue inspecteur, il paie rapidement le prix de son action lorsque son rôle est découvert. L'arrestation début septembre 1942, pour avoir fourni des papiers à un jeune Juif clandestin, l'interrogatoire, les coups et la violence des inspecteurs du Service des affaires juives dirigé par le commissaire Charles Permilleux illustrent les risques encourus.

Le policier résistant était terriblement isolé au sein d'une institution où tout le monde se méfiait de chacun et dans laquelle la culture d'obéissance, l'attentisme, le zèle imbécile expliquent les dégâts causés par les accords passés entre René Bousquet, le secrétaire général à la police du gouvernement de Vichy, et le général SS Oberg, chef de toutes les polices en France, au début de l'été 1942 : au nom de la souveraineté française et au prétexte de l'autonomie de la police, ce protocole plongea les policiers parisiens dans le déshonneur en les amenant à accomplir, aux lieu et place des

Allemands, les rafles de Juifs destinées à fournir à la machine génocidaire nazie les effectifs prévus par les maîtres d'œuvre de la « solution finale de la question juive ». En évoquant le cas de Claudine, son amie d'enfance, Roger Belbéoch nous permet de mesurer les conséquences tragiques de l'action de ces policiers qui obéirent parce que « c'étaient les ordres ».

Dans un style qui fleure bon la gouaille parisienne qui est la sienne, il nous fait vivre les situations délicates dans lesquelles se trouvaient les policiers qui avaient décidé de désobéir à Vichy, la peur qui les tenaillait, l'esprit de décision dont il fallait faire preuve, les risques qu'il fallait assumer pour parer au plus pressé et permettre au réfractaire, à la femme juive sans étoile, aux FTP dénoncés, arrêtés, d'échapper à leurs propres collègues... Sous sa plume, l'insurrection du 19 août 1944 – page héroïque de la légende dorée de la Préfecture de police – retrouve un réalisme attesté par les archives : parmi un personnel policier subitement devenu résistant, « personne ne veut aller au feu. Volontaire pour aller réquisitionner un sac de farine ou tondre une collabo oui, mais pas pour les barricades... »

Cela ressemble à un catéchisme, celui que devait apprendre tout candidat au concours d'entrée dans la police :

« Faut-il toujours obéir à un ordre qui vous est donné ? »

« Même si les ordres ne vous semblent pas normaux, il faut obéir. Il faut respecter un ordre émis par la hiérarchie, quitte à en demander réparation par la suite. »

Malheureusement, il n'y eut pas de réparation possible pour les milliers de victimes de la culture d'obéissance inculquée aux policiers parisiens.

C'est l'honneur d'un Roger Belbéoch qui avait appris cette injonction par cœur de ne l'avoir pas respectée et de nous rappeler que le « devoir » est parfois de désobéir.

Jean-Marc BERLIÈRE*

* J.-M. Berlière est professeur d'histoire contemporaine à l'université de Bourgogne et chercheur au CESDIP (CNRS-ministère de la Justice). Il est l'auteur de *Les Policiers français sous l'occupation*, Perrin, 2001.

Glossaire

ARAC : Association républicaine des anciens combattants et victimes de guerre fondée en 1917 par Henri Barbusse, et qui eut plus de trois cents fusillés au mont Valérien.

ANACR : Association nationale des anciens combattants de la Résistance.

AS : Armée secrète. Fédération de toutes les organisations paramilitaires de zone Sud chapeautée par Jean Moulin et rattachée à Londres.

Bataillons de la jeunesse : bras armé des jeunesses communistes, actifs de 1941 à 1942, constitués d'une trentaine de jeunes, chapeautés par Pierre Georges (colonel Fabien) et Albert Ouzoulias (alors commissaire politique national).

CILN : Comité italien de libération nationale (Italie). Dans le secteur de Nogent-sur-Marne, la population d'origine italienne était importante, le réseau de résistants du CLN y était influent.

CNR : Conseil national de la Résistance. Rassemblement des forces résistantes et des partis traditionnels afin d'imposer, dès 1943, aux Alliés l'idée que la Résistance est réellement représentative de la volonté du peuple français.

Division Leclerc, 2e DB : la 2e division blindée rassemble les Forces françaises libres (FFL), l'armée d'Afrique et les troupes coloniales. Son regroupement tactique avec les FFI, le 25 août 1944, permet la libération rapide et sans dommages de Paris.

FFI : Forces françaises de l'intérieur. Accord entre les commandements de l'Armée secrète, du FN et des FTPF pour parvenir à la libération.

FFL : Forces françaises libres. Regroupement militaire créé par le général de Gaulle dès l'été 1940.

FN : Front national de lutte pour la liberté et l'indépendance de la France. Dispositif politique de prise de parole, de lutte armée et d'actions sociales émanant du parti communiste.

Front unique des résistants de la Préfecture de police : réseau de rassemblement constitué peu avant la Libération par le Front national de la police, Police et patrie, et Honneur de la police.

FTPF : Francs-tireurs et partisans français. Coordination de groupes armés mobiles, à partir de l'automne 1941, dirigée par Charles Tillon.

FTP-MOI : Francs-tireurs et partisans de la main-d'œuvre immigrée. Actifs dès 1942 dans la guérilla urbaine.

Libération-Sud : noyau de résistance politique, non communiste, particulièrement efficace dans la publication de tracts et de journaux.

NAP : Noyautage des administrations publiques. Actions organisées à partir de l'été 1942, ayant pour double objectif de recueillir des informations et de former les futurs cadres de la France libérée.

STO : Service du travail obligatoire

Table

Troisième partie
LE NOYAUTAGE DE LA POLICE

Composition réalisée par PCA
44400 Rezé

Achevé d'imprimer sur les presses de

BUSSIÈRE

GROUPE CPI

à Saint-Amand-Montrond (Cher)
pour le compte des Éditions Robert Laffont
en janvier 2007

N° d'édition : 47495/01. — N° d'impression : 070081/1.
Dépôt légal : janvier 2007.

Imprimé en France